Markus Gabriel · Sätze über Sätze

MARKUS GABRIEL

Sätze über Sätze

ABC DES WACHEN DENKENS

Kuratiert, redigiert & ediert
von René Scheu

KEIN & ABER

Cover: Maurice Ettlin
Satz: Dörlemann Satz, Lemförde
Druck und Bindung: GGP Media GmbH, Pößneck
ISBN 978-3-0369-5021-1
Auch als eBook erhältlich

www.keinundaber.ch

Für unsere Kinder

Inhalt

Bedienungseinleitung

Markus Gabriel & René Scheu

Wir leben im Zeitalter der Hyperkomplexität. Das klingt komplizierter, als es ist. Der Grundgedanke ist einfach: Komplex ist nicht nur kompliziert, also nicht nur schwer zu durchschauen, weil intransparent oder vielschichtig, sondern tatsächlich unmöglich zu begreifen, vorherzusagen und zu kontrollieren. In einer hyperkomplexen Welt prägen Rückkoppelungen und unbeabsichtigte Nebenwirkungen in einer Endlosschleife unser Leben. Fortschritt scheint unmöglich, wir stecken in einer Krisenlage fest, für deren einzigen Ausweg manche die Apokalypse, das Ende der Welt, der Menschheit oder gar des Lebens insgesamt halten.

Und darum braucht es unserer Ansicht nach dieses Buch. Denn was man nicht fassen kann, das muss man erst einmal zerlegen. Wir reagieren auf die Hyperkomplexität mit der Einfachheit von Sätzen, oder besser: mit einfachen Sätzen, die wir in Form dreier ABCs gebündelt haben. Auf den Grundton der Apokalyptik bzw. Postapokalyptik antworten wir mit einer Stimmung fokussierter Wachheit und Gelassenheit.

Aber zuerst – was ist denn genau hyperkomplex an der Lage, die die unsrige ist?

Hyperkomplexität zeigt sich in einer unüberschaubaren, unregierbaren Verschachtelung von Krisen und Katastrophen. Alles wankt und wandelt sich. Die Geopolitik, die Banken, der Liberalismus, die Demokratie, die Staaten, der Mensch im Angesicht der smarten Maschinen und das Klima befinden sich in Umbrüchen, deren Dynamik wir nur ansatzweise überschauen. Wir wissen allerdings genug, um zu wissen, dass wir es mit einer nie da gewesenen Gefahrenlage zu tun haben, mit einem neuartigen Zeitalter ineinander verschachtelter Krisen. Es zählt zu den eigenen Herausforderungen dieser Zeit, nicht verrückt zu werden. Denn viele Menschen haben in der hyperkomplexen (Un-)Ordnung des 21. Jahrhunderts lieber eine Verschwörungstheorie als gar keine Theorie.

Die klassischen und sozialen Medien reagieren auf diese Hyperkomplexität in der Form digitaler Hochbeschleunigung, d.h. dadurch, dass ohne Unterlass augenblickliche Aufmerksamkeit geschaffen wird. Newsticker suggerieren, man könne dem Pandemie- oder Kriegsverlauf folgen und womöglich instantan eingreifen. Wie die Faktenlage wirklich ist, lässt sich auf diese Weise freilich nicht eruieren. Das Internet ist als Quelle seiner selbst kein guter Beleg für die wahre

Lage. Wer digital versucht, die hyperkomplexe Wirklichkeit doch noch in Echtzeit zu verstehen, ähnelt in Wittgensteins Worten jemandem, der »mehrere Exemplare der heutigen Morgenzeitung [kauft], um sich zu vergewissern, daß sie die Wahrheit schreibt«.[1] ChatGPT ist ein weiteres Beispiel für diese Sachlage: Da es die Wahrheit nicht kennen kann, sondern sich nur auf die Berechnung der wahrscheinlichen Fortsetzung von Satzfragmenten stützt, kann es auch keine Aussagen über die Wirklichkeit treffen. Es kann prinzipiell nicht zwischen Wahrheit und Falschheit unterscheiden, und erzeugt deswegen zunehmenden Unsinn.

Hyperkomplexität ergibt sich elementar aus einer Verschärfung des bekannten Phänomens, wonach man ein System dadurch verändert, dass man es beobachtet. Das gilt nicht nur in der Quantenmechanik, sondern auch unter ganz alltäglichen, vor allem sozialen Bedingungen. Eltern kennen die folgende Situation: Die Kinder spielen endlich in Ruhe, man kann seinen Kaffee trinken, sich unterhalten, wohl wissend, dass früher oder später »Mama« oder »Papa« gefragt sind, um die Kinder mit Aufmerksamkeit, Liebe, Zuwendung oder Snacks zu erfreuen. Wehe, man nähert sich den spielenden Kindern, um die Szene zu beobachten, während man den Kaffee genießt! Sie schlägt in Windeseile in eine Betreuungs-

1 Ludwig Wittgenstein: *Philosophische Untersuchungen*. Frankfurt am Main 1980, § 265.

situation um. Daher lautet ein Rat für Eltern: »Don't disturb the system«. Das Betreuungssystem ist komplex, es entwickelt sich auf unvorhersehbare Weise, je nachdem, auf welche Weise man mit ihm interagiert. Niemand ist dabei nur Beobachter.

Die Komplexität sozialer Situationen nimmt in komplizierten sozialen Situationen rasch zu, etwa bei einer Koalitionsverhandlung oder einem Warnstreik, deren Verlauf davon abhängen, wie sich die Beteiligten zu diesem Verlauf verhalten. Der Verlauf solcher Situationen sprengt jede sinnvolle Modellierung, sobald mehr als zwei oder drei versammelt sind. Man sieht schnell, wie aberwitzig die Vorstellung ist, wir könnten die menschengemachte Erderwärmung abwenden, indem wir individuelle Konsumenten über den CO_2-Abdruck ihrer Lebensform informieren. Vielmehr wissen wir aus verhaltensökonomischen Studien, dass Verantwortung in Gruppen delegiert wird, sodass Arbeitsteilung entsteht. Je mehr Individuen mit ihren Mikroentscheidungen des Alltags motiviert werden müssen, desto unwahrscheinlicher wird es, dass wir das Problem wirklich lösen. Für die Lösung von Menschheitsproblemen ist dies insofern ungünstig, als am Ende immer noch viele fliegen und Verbrennungsmotoren produzieren, solange dies überhaupt möglich ist. Darauf mit einem generellen Verbot zu reagieren, führt wiederum zu neuer Komplexität, da wir nicht einfach unsere Mobilität einstellen können, was zum wirtschaftlichen Kollaps und damit wahrscheinlich zu kriegerischen Auseinandersetzungen führen würde, die sicherlich nicht klimaneutral verlaufen werden. Daher bedarf es komplexer Kompromisse, ohne die das wünschenswerte Ziel der Klimaneutralität nicht erreicht werden kann. Gesellschaftlicher Wandel lässt sich nicht nachhaltig mit der Brechstange erreichen, ganz gleich, wie richtig das gewählte Ziel ist.

Hyperkomplexität geht allerdings noch weiter als diese Formen der komplexen Handlungskoordination von Menschen. Denn sie schließt die nicht-menschliche Wirklichkeit mit ein, die über alles hinausragt, was wir uns vorstellen können. Es gibt zu viel, was wir über die Wirklichkeit nicht wissen, um zu verstehen, wie genau die sogenannte Umwelt mit unseren Lebensprozessen verzahnt ist. Darauf antwortet zum Zeitpunkt der Abfassung dieser Zeilen ein Klimaserienerfolg, die Verfilmung von Frank Schätzings Erfolgsroman *Der Schwarm*. Das Meer wendet sich dort gegen den Menschen. Es überflutet nicht mehr nur unsere Städte als Folge des menschengemachten Klimawandels, sondern wird ein Akteur, der sich aggressiv gegen uns wendet. Natürlich könnte dies eine besagte Verschwörungstheorie sein, die die Natur als rächende Instanz vorstellt, die sie gar nicht sein kann. Vielleicht gibt es aber tatsächlich eine Handlungskoordination natürlicher nicht-menschlicher Akteure, die die Menschheit in Bedrängnis bringen. Wir wissen es (heute) nicht.

Die Hyperkomplexität lädt dabei nicht nur zu unzulässigen Vereinfachungen ein, hyperkomplexe Gesellschaften erzeugen jederzeit mehrere davon. Eine Vielzahl vereinfachter Vorstellungen der hyperkomplexen Lage treffen aufeinander. Dies produziert einen neuen Diskurstypus, die Polarisierung. Polarisierung ist nicht mehr nur das demokratische Phänomen eines legitimen Meinungsspektrums in Anbetracht der Tatsachen und Handlungsoptionen, die uns als Mitglieder eines Gemeinwesens betreffen. Sie ist auch nicht identisch mit einer Zunahme des Extremismus an den Rändern der Gesellschaft. Vielmehr durchdringt die Polarisierung unser Denken, sobald wir uns wünschen, dass mit der einen oder anderen Krise endlich Schluss sei. Die polarisierenden Themen wie Pandemie, Klima, Migration, geschlechtliche Selbstbestimmung, Generationengerechtigkeit, Energie, Geopolitik laden dazu ein, sich eine der vielen möglichen einfachen Lösungen genauer auszumalen und dann für sie emotional einzutreten.

Doch genau diese Flucht vor der Hyperkomplexität in die Vereinfachung verschärft die Lage ein weiteres Mal. Denn die liberale Demokratie wird von innen ausgehöhlt, wenn polarisierte Parteien versuchen, ihren Lösungsvorschlag gegen den Willen der anderen endgültig durchzusetzen – wie sinnvoll er auch sein mag. Dabei trifft es gleichzeitig zu, dass unsere Krisenlage in vielen Hinsichten keinen Kompromiss duldet. Mit dem Klima verhandelt man ebenso wenig wie mit dem Virus oder einem gnadenlosen Aggressor wie Putin. Doch folgt daraus wiederum nicht, dass wir dann eben sofort den Verbrennungsmotor abschaffen sollten, weil die globalen Widerstände gegen eine solche Entscheidung viel zu gewaltig wären.

Vereinfachung ist das Gegenteil von Einfachheit – und darauf kommt es in einer hyperkomplexen Welt an. Die Einfachheit von Sätzen ist keine Lösung, aber hoffentlich der Anfang eines Nachdenkens, das sich Einfälle erlaubt, um zu sehen, wohin sie führen, ohne dass bereits ein festes Ziel feststeht. Der Anfang ist dasjenige, was bleibt, wenn man das Ziel nicht kennen kann.

Welche Rolle spielt dieses Buch in der Hyperkomplexität des 21. Jahrhunderts?

Das Buch, das Sie in Händen halten, stellt sich der Wirklichkeit in einer heutzutage ungewöhnlichen Form. Wir haben Sätze formuliert, die den Wert der Wahrheit auch im Angesicht der Hyperkomplexität nicht verwerfen. Sätze sind das Gegenteil von Meinungen, die wiederum die vorherrschende Kommunikationsform im Zeitalter der Hyperkomplexität darstellen. Meinen heißt sprechen, ohne sich darum zu kümmern, ob das Gesagte stimmt oder nicht. Klassischerweise heißt solches Sprechen in der Philosophie Gerede, oder moderner: Bullshit. Bullshit und andere Formen des Unsinns, dem es überhaupt nicht auf Wahrheit ankommt, sondern der allenfalls eine soziale Funktion im Spannungsfeld der Polarisierung einnimmt, stellen im Zeitalter der Hyperkomplexität eine ernst zu nehmende Gefahr dar. Denn sie zielen auf Zugehörigkeit und richten sich damit gegen die Wahrheitsfähigkeit des Menschen, d.h. gegen unsere Wahrheitsansprüche. Wenn Wahrheitsansprüche in die Polarisierung verstrickt werden, verkommen sie zu vereinfachten Unwahrheiten, die sich bei genauer Analyse zwar in Luft auflösen, die aber dennoch sozial wirksam sind.

Einfache Sätze, in denen Wahrheitsansprüche erprobt werden, versuchen nicht, einen reinen Wert- oder gar Kampfdiskurs für eine echte oder vermeintliche gute Sache darzustellen, sondern Wahrheiten zu äußern, die im philosophischen Code als Sätze formuliert sind. Was das philosophisch betrachtet bedeutet, wird in einem eigenen Essay am Schluss des Buches erläutert.

Für den Weg wollen wir unseren Lesern hiermit eine Bedienungseinleitung geben, die keine Lektüreanleitung ist, weil dies wiederum die Hyperkomplexität des Textes unterminieren würde. Dennoch ist das Buch im Grundsatz ganz einfach gestrickt. Wir haben drei Reihen formuliert, drei Durchgänge durch jeweils ein ABC. Jede Reihe besteht aus Einträgen zu einzelnen Buchstaben, und jeder Eintrag besteht aus einfachen Sätzen. Die Einträge sind durch → Pfeile miteinander verbunden. Pfeile bedürfen keiner weiteren Erläuterung. Was sich nicht zeigen lässt, wird gesagt.

(1.) Das erste ABC ist dem reinen → *Denken* der Philosophie gewidmet. Es enthält einfache Sätze, die jeder für sich einen Wahrheitsanspruch erheben, also immer auch falsch sein können. Das Ziel der Sätze ist es nicht, durch komplexe Argumente zu überzeugen – entweder sie leuchten ein, oder sie tun es nicht. Mit dieser Absicht wurden sie formuliert, und darin besteht ihr Zweck.

(2.) Das zweite ABC widmet sich dem → *Zeitgeist*. Es kann nicht einfach nur weitere Wahrheiten zum Ausdruck bringen. Denn im Zeitgeist und damit in der Politik geht es nicht einfach nur um Wahrheit. Das ist keine Kritik, sondern Fakt! Das Politische lässt sich nicht mit Wahrheiten verrechnen, die sich unabhängig von Entscheidungen erheben ließen, die getroffen werden, um Ressourcen zu verteilen. Zugleich gibt es jedoch auch keine »reine« Politik, sozusagen ungeschminkte Machtausübung. Jedes politische Kalkül und jeder Zeitgeistfaktor bleiben auf Wahrheiten angewiesen. Wir nennen dies in Anspielung auf das polarisierende Thema der Political Correctness → Richtigkeit. Der Zeitgeist richtet sich nicht nur nach Interessen, sondern auch nach der Wahrheit, selbst dort, wo er sie direkt oder indirekt verleugnet, verwässert, verfälscht – wie in Trumps fast schon ironischer Geste, sein soziales Netzwerk als »Truth Social« zu bezeichnen.

(3.) Vor diesem Hintergrund widmet sich das dritte ABC dem von Metaphysik und Politik scheinbar befreiten → *Alltag*. Im Alltag wünschen wir uns nichts sehnlicher als die Normalität, und sei es eine neue Normalität, wie dies in jüngerer Vergangenheit gerne hieß. Das Alltags-ABC scheut nicht davor zurück, die Philosophie bis in alltägliche Dinge, Vorgänge und Vorstellungswelten vordringen zu lassen. Der Alltag ist kein unwürdiges Thema. Doch ebenso wenig wie die reine Politik gibt es den reinen Alltag. Er ist politisch überformt und metaphysisch durchtrieben. Während das reine Denken → Wahrheit und der Zeitgeist Richtigkeit als Konformität mit einem echten oder vermeintlichen Hauptstrom der Meinungsbildung anstrebt, wünscht sich der Alltag einen unmittelbaren, vertrauten Umgang mit → Dingen, Personen und Ereignissen. Er dient als Rückzugsort im Angesicht der Krisen, die ihn allerdings in der Form von → Quarantäne und → Energiewende heimsucht. Die drei ABCs sind also ihrerseits miteinander verwoben, sie bilden selbst ein hyperkomplexes System.

Die drei ABCs sind mithin durch kein übergeordnetes Prinzip miteinander verbunden. Damit verschärfen wir den Ansatz, den der späte Gilles Deleuze in der Fernsehdokumentation *L'Abécédaire de Gilles Deleuze* (produziert von Pierre-André Boutang und aufgezeichnet 1988–1989) kurz vor dem Fall der Mauer gewählt hat. Deleuze konnte noch glauben, dass die Dinge, Begriffe und Namen letztlich in einem Allzusammenhang vernetzt sind, wenn auch rhizomatisch als Geflecht und nicht als deduktive Ordnung.

Dagegen gehen wir davon aus, dass es *die* Welt, d.h. einen Allzusammenhang der Dinge, Tatsachen, Wahrheiten oder Strukturen prinzipiell nicht gibt. Hyperkomplexität überschreitet damit sogar jeden Versuch, die Wirklichkeit als chaotisch, dynamisch, unvorhersehbar, emergent zu betrachten. Es gibt kein Vokabular, keine Theorie und damit auch keine Weltanschauung, die uns einen Überblick verschaffen könnte, von dem aus wir die Krisen entschärfen. Es gilt also, die Krisen auszuhalten, woraus nicht folgt, dass wir die Katastrophe geschehen lassen sollten. Vielmehr kommt es darauf an, die Krisen in ihrer Hyperkomplexität anzuerkennen, den Blick nicht voreilig von der Wirklichkeit ab- und der → Utopie oder Dystopie zuzuwenden.

Aber wie soll das aussehen? Nicht so, dass wir im Folgenden mitteilen können, welches Mobilitätskonzept der kommenden Energiewende zugrunde liegen wird. Das weiß niemand, wenn die Politik, Wirtschaft und wir alle als Konsumenten auch zu Recht daran arbeiten, eine soziale und ökologische Transformation herbeizuführen, die es uns erlauben wird, menschenwürdiges Leben auf Planet Erde weiterhin zu ermöglichen. Doch drückt man sich so aus, übersieht man schon wieder, dass viele Menschen weder heute noch jemals imstande waren, ein menschenwürdiges Leben zu führen, weil sie Opfer von Schieflagen, → Ideologien, Angriffskriegen, Überfällen und anderen Pathologien waren und sind. Es gab niemals eine rundum normale Normalität für alle, wie wünschenswert dies auch immer wäre. Wollen wir die Krisenzeit überwinden, in der wir uns befinden, müssen wir unser Denken über den eng gezogenen Kreis des apokalyptischen und postapokalyptischen Vorstellens erweitern.

Wir haben ein Buch produziert, das sich wie sein eigenes Register liest, einfach und klar. Der Vorteil der Reihen, Einträge und Sätze besteht darin, dass man mittendrin zu lesen beginnen kann, hinten oder vorne. Man kann in einem fort lesen, kursorisch, anekdotisch, fragmentarisch, mit oder ohne Pausen, wütend oder gelassen. Es gibt keine beste Reihenfolge.

Wir umkreisen die großen Themen unserer Zeit – und die kleinen, die es in sich haben. Wir streben danach, uns zwischen den Polen der Polarisierung zu bewegen, um freie Sicht auf eine hyperkomplexe Wirklichkeit zu schaffen. Denn wir leben in ihr und werden darin noch viel länger überleben, als die derzeitigen Propheten des Untergangs vermuten.

Die Leser entscheiden selbst, welches Buch sie lesen. Und aufgepasst, es ist dieses Buch, das nun anfängt!

Der

ken

A

WIE ANFANG

Vor jedem Anfang war ein anderer → Anfang. Vor allen anderen Anfängen befände sich der absolute Anfang, der Anfang aller Anfänge. Ein solcher Anfang wäre nicht der Anfang von etwas, also beispielsweise der Anfang eines Fußballspiels, der Anfang eines guten Tages, eines Buches über → Sätze oder eines Absatzes über den Anfang, sondern der Anfang, auf den alle Anfänge folgen. Dieser Anfang mit überdimensionalem A wäre, metaphysisch betrachtet, der einzig wahre Anfang. Doch wäre er ein Anfang ohne Ende, ein Anfangen, das nie aufhört, ein ewiges Anfangen. Und ein ewiges Anfangen fängt nichts an. Der absolute Anfang ist zugleich notwendig und unmöglich, zugleich der Anfang und das Ende alles Anfangens.

B

WIE BEWUSSTSEIN

Bewusstsein ist jenes menschliche (→ Geist) Phänomen, bei dem Sprache und Sache am drastischsten auseinanderfallen. Wir schreiben es uns selbst und anderen Lebewesen zu, wissen aber nicht wirklich, wovon wir eigentlich reden. Das Wort »Bewusstsein« ist eines jener unübersetzbaren Wörter der deutschen Sprache, das eine urphilosophische Geschichte hat. Philosophisch unmusikalische Menschen interessiert nicht im Geringsten, was damit gemeint sein könnte. Philosophen hingegen streiten sich darüber, ob es überhaupt etwas meint. Man könnte sagen: Bewusstsein ist etwas, mit dem wir nur vertraut sein können, wenn wir besonders kompetente Benutzer des Wortes »Bewusstsein« sind. Zugleich scheint das Bewusstsein etwas zu sein, mit dem wir vertraut sind, noch bevor wir zu sprechen → anfangen. Das scheinbar Selbstverständliche, das wir dadurch kennen, dass wir es sind, nämlich bewusst, kennen wir nicht, wenn wir es ergründen. Das Offensichtlichste bleibt das Geheimnisvollste.

C

WIE CHAOS

Nach der landläufigen Meinung (→ meinen) ist Chaos Unordnung. Der Erste, der das Wort verwendet, ist Hesiod. Er gebraucht es in seiner *Theogonie,* wo es nicht Unordnung oder die Abwesenheit von Ordnung bezeichnet, sondern das Aufgehen eines Raumes. Es kommt von altgriechisch *chaínein,* gähnen. Chaos ist das, was die Griechen sahen, wenn sie einem Sonnenaufgang beiwohnten: Der Horizont ist der gähnende Hals. Die Gottheit gähnt. Das Gähnen des Gottes zeigt sich im Horizont. Im gähnenden Schlund, der sich auftut, findet alles statt. Chaos ist mithin der Raum der menschlichen Ordnung. Was im Chaos erscheint, ist sozusagen das laute Gähnen der Gottheit. Es gibt nur zwei Möglichkeiten: Entweder gibt es einen Raum der Ordnung, der nicht selbst Teil der Ordnung ist. Oder es gibt keinen solchen Raum der Ordnung, der nicht Teil der Ordnung ist. Gäbe es ihn nicht, gäbe es auch keine Ordnung, weil die Ordnung raumlos wäre. Also gibt es tatsächlich eine Unordnung des Raums. Aber sie ist nicht mit dem Unordentlichen zu verwechseln. Die Unordnung, die nicht vom Wesen der Ordnung ist, mit dem Unordentlichen gleichzusetzen, ist der Fehler der Modernen. Darum haben sie die landläufige Meinung geprägt, Chaos sei Unordnung.

D

WIE DENKEN

Gedanken sind Formationen, die sich dadurch auszeichnen, dass sie → wahr oder falsch sein können. Durch Gedanken sind wir in der Lage, etwas zu erkennen. Denken ist ein dem Urteilen vorgelagertes Fassen von Gedanken. Dieses Fassen ist selbst nie ein Gedanke. Man fasst das Denken nicht als Gedanken. Denn dann fasst man nur einen weiteren Gedanken, hinter dem ein Denken steht, das man auf diese Weise verfehlt. Man kann sich nicht beim Denken zuschauen. Ein solches Zudenken ist unmöglich. Zugleich bleibt es wahr, dass sich das Denken auf sich selbst richtet. Es ist der Sinn der Selbstbezüglichkeit, der alle anderen Sinne umfasst oder umhüllt. Wenn wir sehen, hören, fühlen, tasten, riechen oder schmecken, denken wir. Ich verspüre Schmerzen im Mund – ich habe Zahnschmerzen, das heißt: Ich fasse den Gedanken des Schmerzes. Empfindung und Gedanken sind untrennbar miteinander verbunden. Im Versuch, sich selbst zu fassen, entgleitet jedoch das Denken sich selbst. Denken ist der kreisende Gang zum Grund, der selbst gedankenlos ist.

E

WIE EXISTENZ

Existenz kommt von lateinisch *ek-sistere*, das wiederum auf altgriechisch *ek-histasthai* zurückgeht, was wörtlich so viel wie hervortreten (→ progressiv) bedeutet. Das Existierende ist das, was hervortritt. Der Jäger steht auf einer Lichtung und wartet auf Beute. Plötzlich entdeckt er ein Reh. Das Reh taucht im Raum seiner Erwartung auf, das heißt: Es existiert, indem es vor einem Hintergrund hervortritt. Der Grund selbst bleibt verborgen. Was erscheint, ist der Gegenstand. Ein Gegenstand ist etwas, über das etwas → wahr ist, er kommt in einer Tatsache vor, die seinen Grund bildet. Gegenstände existieren in Tatsachen, diese sind der Boden, aus dem die Gegenstände wie Pflanzen herausragen. Das Reh wirkt scheu, es schaut sich um, man sieht es aus einer bestimmten Perspektive, all dies ist sein Sinn, nämlich die Art und Weise, wie es dem Jäger erscheint. Tatsachen bilden Felder, Sinnfelder. Existenz ist dabei unerschöpflich. Wir stoßen auf keinen letzten Grund, der einfach so, also grundlos existiert: Das Reh steht auf einer Lichtung, die zu einem Wald gehört, der sich in Graubünden befindet, das in der Schweiz vorkommt, die auf Planet Erde liegt, der in der Milchstraße ist, die in unseren astrophysikalischen Gedanken vorkommt, die sich jemand an der ETH Zürich macht. Alles hat seinen Grund, sodass die Reihen der Gründe grundlos bleiben und auch in sich selbst zurücklaufen, etwa von der → Schweiz in die Schweiz.

F

WIE FREIHEIT

Freiheit mit großem F ist das Vermögen, zwischen mehreren alternativen Alternativen zu wählen. Die Doppelung ist entscheidend. Wäre Freiheit identisch mit der einfachen Wahlfreiheit, zum Beispiel zwischen Reichsein (A) oder Gefoltertwerden (B), wäre sie keine Freiheit. Alle → vernünftigen Menschen wählen A. Kommen jedoch alternative Alternativen ins Spiel, zum Beispiel Reichsein (A) oder Gefoltertwerden als Beweis für die Existenz der Freiheit (B), könnten einige B wählen, trotz Folter, wodurch schon manche zu Helden der Freiheit wurden, die es zu bewundern gilt. Freiheit ist ohne ihren Abgrund nicht zu → denken. Ihr Abgrund besteht genau darin, dass die Wahl für eine Alternative und gegen alle anderen Alternativen weder durch die gegebenen alternativen Alternativen noch durch die Freiheit selbst begründet werden kann. Freiheit ist nicht der Grund, sondern der Abgrund, in den wir blicken, wenn wir nicht wissen (→ Wissen), was wir tun (→ Handlung) oder denken (→ Denken) sollen.

G

WIE GEIST

Geist ist das Vermögen, ein Leben im Lichte einer Vorstellung seiner selbst zu führen. Ein Wesen, das tut, was es tut, weil es ein Bild seiner selbst hat (→ Handlung), ist ein geistiges Lebewesen. Ein geistiges Lebewesen lebt sein Leben nicht nur, sondern führt es, und zwar in doppelter Hinsicht. Es gestaltet erstens sein Leben nach dem Bild seiner selbst, und es gestaltet zweitens durch sein Leben dieses Selbstbild. Die Selbstwirksamkeit gehört zum Lebensvollzug des Menschen. Doch jedes geistige Leben beruht zugleich auf einem nicht-geistigen Leben, zum Beispiel jenem der Zellen. Das Leben, das darum weiß, dass es auf einem nicht-geistigen Leben beruht, ist immer geistiges Leben.

H

WIE HANDLUNG

Wir wissen nicht, ob wir handeln, wenn wir etwas tun. Wir können Gründe anführen, die es uns erlauben, die komplexe Wirklichkeit zu vereinfachen, und die uns vorgaukeln, wir hätten unser Leben zumindest im Augenblick im Griff. Eine Handlung ist ein Tun aus Gründen. Man handelt nur dann, wenn man auf die Frage, warum man etwas tut, eine Antwort hat. Starrt man aus dem Fenster und weiß nicht, warum man aus dem Fenster starrt, lebt man vor sich hin, handelt aber nicht. Kauft man ein Brötchen, weil man Hunger hat oder die Bäckerei unterstützen möchte, handelt man. Doch garantieren die Gründe, die ein Akteur anführt, um sein Tun zu begründen, nicht den Erfolg der Handlung. Jede Handlung kann gelingen oder scheitern, auch weil der Akteur sich über die Gründe täuschen kann. Wir wissen letztlich nicht, wann wir eigentlich handeln und wann wir Getriebene des → Alltags sind.

I

WIE ICH

Ich ist ein substantiviertes Pronomen, das sich auf eine vermutete rationale Steuerungszentrale des → geistigen Lebens bezieht. Spricht man vom »Ich« statt nur von »ich«, bezeichnet man damit die menschliche Fähigkeit, am Spiel des Gebens und Verlangens von Gründen teilzunehmen. Jemand ist genau dann ein Ich, wenn er nicht einfach tut, was er eben tut, sondern sich benimmt wie eine Person, die imstande ist, aus Gründen zu → handeln. Das Ich ist aber als der rationale Teil unserer selbst eine Paradoxie. Denn sofern wir rational sind, tun wir etwas, das andere aus denselben Gründen ebenfalls tun sollen, und sind damit kein Ich. Sofern aber das Ich der rationale Teil unserer selbst ist, unterscheidet es uns von den anderen. Das heißt, das Ich schwebt zwischen Rationalität und Individualität. Als individuelles kann es nicht rational sein, als rationales kann es nicht individuell sein. Das Ich ist hin- und hergerissen. Das Ich ist die Pufferzone zwischen mir und der Gesellschaft.

J

WIE JARGON

Wesentliche Sprache ist das Ergebnis der Absicht, → Sätze zu klären, die auf den ersten, zweiten oder n-ten Blick nicht klar sind. Jargon ist eine Strategie, diese Klärung nicht nur zu vermeiden, sondern Unklarheit zu schaffen, zu etablieren und zu tradieren. Deswegen gibt es einen Hegel-Jargon, einen Heidegger-Jargon, einen Jargon der analytischen Philosophie und auch einen Jargon des → Alltags. Der alltägliche Jargon ist das Fabrizieren von Satzwolken, das sogenannte Wolken. In Sitzungen wird viel gewolkt, manchmal eine gestrichene Stunde voll. Es ist nicht klar, was da tatsächlich gesagt wurde. Sagen, ohne zu setzen, also Sätze zu bilden, ist Jargon. Der Jargon verwirrt diejenigen, die ihn verwenden, genauso tief wie jene, die ihm ausgesetzt sind. Der Jargon erzeugt statt Logik und Semantik ein Wolkenkuckucksheim, ganz ohne Gebäude. Jargon ist das Ende des → Denkens.

K

WIE KOSMOS

Kosmos ist die unbegründete Vorstellung, dass alles mit allem harmonisch zusammenhänge und wohlgeordnet sei. Ursprünglich meint Kosmos, von altgriechisch *kosmos*, Ordnung (→ Chaos) und Schmuck, also Schmuckordnung. In einer Schmuckordnung gibt es keine Unordnung, als wäre die ganze Wirklichkeit nichts anderes als ein Diadem der Diotima. Aber nicht alles hängt mit allem zusammen, sondern einiges mit anderem (→ Realismus). Die Wirklichkeit ist deshalb akosmisch. Es → existieren zwar Schmuckinseln, aber es sind Schmuckinseln in einem Schweinestall, Ordnungen in einem → Chaos. Die Wirklichkeit ist Perlen vor die Säue.

L

WIE LIEBE

Liebe ist der Versuch, sich dem Geliebten zu unterwerfen, ohne die eigene → Freiheit gänzlich preiszugeben. Wer liebt, ist bereit, seine eigene Freiheit aufzugeben für jemanden, der bereit ist, seine eigene Freiheit dafür aufzugeben, dass der andere bereit ist, seine eigene Freiheit aufzugeben. Glaubt jemand, die totale Liebe gefunden zu haben, merkt er, dass er die Liebe verfehlt hat. Denn er hat sich, ohne es zu wollen, einem anderen unterworfen. Da es nicht möglich ist, seine eigene Freiheit aufzugeben und gleichzeitig zu lieben, kann sich Liebe nur dadurch verwirklichen, dass die Liebenden einen Teil ihrer Freiheit aufgeben. Die wahre Liebe weiß um ihre Grenzen. Die Grenzen stehen aber nicht fest, sie werden immer wieder neu verhandelt, weil man sonst nicht bereit wäre, seine eigene Freiheit überhaupt aufzugeben, man hätte sie nur anders definiert. Gelingende Liebe ist das gelungene Unterfangen, sich dem anderen zu unterwerfen, ohne sich ihm zu unterwerfen. Die Liebenden hindern einander an der Unterwerfung. Liebe befreit.

M

WIE MEINEN

Meinen gibt es nur als bloßes Meinen. Meinen ist ein mangelhafter Modus des Für-wahr-Haltens, der Schatten des → Wissens. Aus dem Meinen kann nie Wissen werden, weil es das Wissen hasst. Das Meinen ist das bloße Annehmen eines → Satzes, ohne den Willen, sich auf seinen Wahrheitswert auch nur einzulassen. Das unterscheidet es vom Glauben, das immer mit einem Wahrheitsanspruch einhergeht. Wer meint, redet einfach daher, obwohl er auch nichts oder das Gegenteil hätte sagen können. Die Gründe spielen nur die Rolle, das Meinen zu verteidigen, nicht, es zu stützen – die Gründe des Meinens sind keine Sätze. Meinen ist deshalb von Un- oder Blödsinn im Wesen nicht zu unterscheiden. Meinen ist Bullshitten.

N

WIE NICHTS

Das Nichts gibt es nicht. Wenn es → existierte, wäre das Nichts eine Tatsachenstruktur, in der nichts wahr wäre. Sobald irgendetwas wahr ist über irgendetwas, befinden wir uns nicht mehr im Nichts. Es stimmt zwar: Für jeden einzelnen Gegenstand oder jeden Sachverhalt können wir uns vorstellen, dass er nicht existiert bzw. nicht wahr ist. Es gibt einen scheinbar einfachen Weg ins Nichts, indem alles Existierende aus dem Raum des Existierens schrittweise entfernt wird. Was aber in einem solchen Fall übrig bliebe, wäre der Raum (→ Chaos) – das reine Sein (→ Ontologie) ohne Inhalt. Das geht nur unter einer einzigen Bedingung, nämlich dann, wenn es in diesem Szenario, in dem wir uns dem Nichts aussetzen (und uns selbst eliminieren), auch nicht wahr wäre, dass dies das Nichts-Szenario sei. Im Nichts darf über das Nichts nicht wahr sein, dass es das Nichts ist. Denn wenn es im Nichts wahr ist über das Nichts, dass es nichts ist, dann ist es nicht das Nichts. Also ist es unmöglich, dass das Nichts existiert.

O

WIE ONTOLOGIE

Die Ontologie ist die Lehre vom Sein. Sein bedeutet zunächst etwas sein, also etwa ein Baum, eine Stadt, eine Zahl. Sein als solches wäre dann der Name für alles, was man für das mannigfaltige Seiende als Beispiel anführen kann. Doch das ist Unsinn (→ meinen), weil man keine Menge, Summe oder sonstige Struktur identifizieren kann, die dafür sorgt, dass man nicht nur dies oder jenes, sondern alles auf einmal als Beispiel anführen kann. Wäre »Sein« ein Name für alles, was man als Beispiel für »etwas« anführen kann, wäre die Ontologie wie die Theorie des Namens »Ursula«. Man könnte jede Ursula als Beispiel für eine Ursula anführen. Sein ist aber kein Name für alles, was man als Beispiel anführen kann. Sein ist beispiellos. Was aber ist es dann?, fragten sich die Ontologen über die Jahrhunderte. Die Antwort lautet, dass man nicht vom Sein, sondern von der → Existenz reden sollte. Bei dieser handelt es sich um das Erscheinen in einem Sinnfeld, also darum, dass etwas in einem Zusammenhang steht und sich durch seine Eigenschaften auszeichnet und damit von anderem unterscheidet. Die Existenz existiert dabei selbst als Begriff der Ontologie. Ein Metaphysiker wäre versucht zu sagen, dass das Sein ein Seiendes ist. Seis drum!

P

WIE PFEIL

Im Text verweisen Pfeile auf → Sätze in einem Eintrag eines der drei ABCs. Das Verweisen durch Pfeile ist ein unaufgeregtes Zeigen, das, indem es zeigt, kein geheimes oder mystisches Sagen verbirgt. Es gibt nichts zu sagen außer eben das, was gezeigt wird. Das Pfeilen (analog zu Wolken → Jargon), also das Zeigen durch den Pfeil, bedarf neben dieser Erläuterung keiner weiteren.

Q

WIE QUALITÄT

Die Qualität unterscheidet sich von der Quantität. Sie beschreibt, wie etwas ist, und nicht, wie viel es davon gibt. Die Qualität der Schokolade ist ihr Geschmack, ihre Quantität misst sich in der Anzahl der Quadrate, die eine Tafel hat. Qualität lässt sich nicht quantitativ messen, was nicht bedeutet, dass sie sich überhaupt nicht messen lässt. Die Kenntnis der Qualitäten, d.h. die menschliche Erfahrung, ist selbst eine Form des Messens, nur eben kein quantitatives. So ist es auch mit der Natur: Die Qualität des Wassers, das wir trinken oder in dem wir schwimmen, ist nicht seine Quantität. Die quantenphysikalische Darstellung des Wassermoleküls misst nicht seine Qualität und erfasst sie damit nicht, weil Qualität eben nicht Quantität ist. Wer etwas misst, weiß damit vorab schon immer mehr über die zu vermessende Sache, als in seiner quantitativen Sprache durchscheint. Wir baden in Qualitäten. Die Qualitäten sind nicht damit identisch, sich von der Quantität zu unterscheiden. Es gibt sie wirklich, sie sind eigenständig und hartnäckig.

R

WIE REALISMUS

Der Wesenskern des Realismus besteht in der These, dass das, *was* wir für wahr halten, nicht dadurch wahr ist, *dass* wir es für wahr halten. Wer glaubt, dass jedes Freiburg im Breisgau liegt, war noch nicht in der Schweiz. Er täuscht sich. Was er für wahr hält, stimmt nicht. Der herkömmliche Realismus hält diese Lücke für unüberbrückbar und besteht darauf, dass wir uns die Wirklichkeit nicht durch unsere Glaubenssysteme zurechtrücken können. Der Neue Realismus geht weiter als der alte. Er entfaltet seine → Sätze auf der Grundlage von zwei Hauptsätzen. Erster Hauptsatz: Die Welt gibt es nicht. Es ist nicht der Fall, dass alles, worüber wir Wahres oder Falsches glauben können, lückenlos miteinander zusammenhängt. Die Wirklichkeit bildet keine einheitliche Struktur, in der alles mit allem zusammenhängt. Sie ist kein → Kosmos, sondern akosmisch, sie schließt das → Chaos mit ein, ohne mit ihm zusammen eine Ordnung, einen Metakosmos zu bilden. Zweiter Hauptsatz: Wir können die Gegenstände so, wie sie wirklich sind, in ihrem Wesen erkennen, und zwar meist ohne große Mühe. Die

Erkenntnisfähigkeit des Menschen ist nicht grundsätzlich durch unsere Erkenntniswerkzeuge begrenzt oder beschränkt (→ Bias). Wir können das Erkannte dennoch jederzeit verfehlen, weil unsere Sinne und unser → Denken uns täuschen können. Realismus heißt also zu erkennen, dass die menschliche Fehlbarkeit und die Objektivität der geistigen Einstellungen zwei Seiten derselben Tatsache sind. Diese Tatsache ist die Wirklichkeit. Die Wirklichkeit ist nicht die Welt da draußen (→ Ideologie → Hirn), außerhalb des → Geistes. Die Wirklichkeit ist vielmehr der Ort, an dem unser Glauben, das → Wissen und die Tatsachen aufeinandertreffen. Die Welt ist weder da draußen noch hier drinnen. Sie ist nirgendwo. Doch auch das ist nur ein unsinniger Ausdruck dafür, dass sie schlicht und einfach nicht → existiert. Adieu au monde.

S

WIE SÄTZE

Sätze sind Setzungen, die entweder wahr oder falsch sind. Sie lassen sich nicht ultimativ begründen oder herleiten, weil jede Begründung oder Herleitung wiederum aus Sätzen besteht, die ebenfalls der Rechtfertigung bedürfen. Sätze verweisen auf Sätze verweisen auf Sätze. Der Satz ist wie der → Igel, der sagt: Ick bün all hier, und wir sind der Hase, der große Augen macht. Zu Sätzen kommen wir nicht, indem wir ihnen nachdenken, also → denkend nachstellen. Sätze kommen zu uns, indem sie uns einfallen. Das gilt für wahre und falsche Sätze. Jeder Satz ist ein Einfall. Das ganze Geschäft der Rechtfertigung ist hingegen ein Reinfall, wenn man in es einsteigt, um Sätze zu vermeiden (→ Jargon). Rechtfertigungen sind auch Sätze und keine Fluchtwege oder Waffen, um einen Gegner im Spiel des Widerspruchs zu schlagen.

T

WIE THEORIE

Eine Theorie ist kein → Satz. Eine Theorie verdient dadurch ihren Namen, dass sie eine Betrachtung von Sätzen ist, und zwar von solchen, die insgesamt unter-, mit- und nebeneinander zusammenhängen. Die Art und Weise, wie sie zusammenhängen, ist kein übergeordneter Satz dieser Theorie (→ Chaos), sonst hätte die Theorie nur einen Satz zum Gegenstand, der aus mehreren Sätzen bestünde. Eine Theorie ist also die Betrachtung von Sätzen, die in der Theorie zusammenhängen, ohne dass es einen Satz gibt, der sagt, wie die Sätze in der Theorie zusammenhängen. Wenn es diesen einen Satz nicht geben kann, gibt es auch nicht die eine große Theorie. Weder die Physik (→ Quantenmechanik) noch die Philosophie lassen sich in einer Theorie als Satz zusammenfassen. Das Gegenteil von Theorie ist nicht die Praxis, sondern sind zusammenhangslose Sätze, also Gefasel (→ meinen, → Jargon). Die Praxis besteht aus → Handlungen und Sätzen, aber auch aus Theorien.

U

WIE UNENDLICHES

Das Unendliche ist eine Reihe, die immer fortgesetzt werden kann, zum Beispiel die Reihe der natürlichen Zahlen. Dieses mathematische Unendliche kann mathematisch gehandhabt werden. Es gibt das abzählbare und das überabzählbare Unendliche, und es gibt mehrere unendliche Ordnungen unterschiedlicher Kardinalität. Die mathematisch fassbaren Arten des Unendlichen rühren aber nicht einmal ansatzweise an das philosophische Problem des Unendlichen, das auf einem einzigen, einfachen Gedanken beruht, der gerne auch Kinder heimsucht: Wenn wir an irgendeine Grenze zu stoßen scheinen, zum Beispiel die Grenze des Universums, also eines unendlich Scheinenden, aber letztlich Endlichen, dann ist es gar nicht denkbar, dass es jenseits nicht wieder etwas gibt, was auch immer es sei. Jedes Endliche ist in ein Unendliches eingebettet, das der Mensch mit mathematischen Methoden nicht zu fassen kriegt. In der Unendlichkeit erfasst der menschliche → Geist sich selbst. Entweder er versucht, das Unendliche zu ignorieren. Oder er bestaunt es. Oder er erfreut sich seiner. Oder er verzweifelt an ihm. Oder er wendet sich früher oder später von ihm ab, in der Hoffnung, dass sich das Unendliche auch von ihm abwende. Unsere Einstellung zum Unendlichen zeigt uns, wer wir sind.

V

WIE VERNUNFT

Die Vernunft ist das Vernehmen von → Sätzen, die dem Verstand erscheinen. Sie ist nicht mit → Denken identisch, man kann auf verschiedene Weisen denken, unter anderem vernünftig. Die Vernunft muss eine Einstellung zu Sätzen haben, die über das Denken hinausgeht. Das Denken als das Erfassen von Gedanken hat häufig die Form des Verstandes. Es artikuliert seine Sätze als Propositionen, die eine mehr oder weniger erkennbare logische Struktur haben. Die Vernunft hingegen sieht den Zusammenhang zwischen Sätzen, der nicht selbst von der Art eines Satzes ist. Die Vernunft neigt zur → Theorie, ohne Verstand wird sie sprachlos. Traditionell dachte die → Philosophie (vor allem Kant): Der Verstand urteilt, die Vernunft aber schließt. Da Denken für Urteilen gehalten wurde, wurde der Verstand mit dem Denken gleichgesetzt. In Wahrheit ist es anders: Der Verstand hantiert mit den Sätzen, die uns einfallen. Die Vernunft hingegen vernimmt den Zusammenhang von Sätzen, die nicht aus den Sätzen folgen. Die Vernunft ist der Sprung über den Satz hinaus. Die Vernunft ist ein Satz über den Satz.

W

WIE WISSEN

Wissen ist das wahre gerechtfertigte Glauben und das Gegenteil des bloßen → Meinens, das keinen Wahrheitsanspruch erhebt, sondern bestenfalls vortäuscht. Wer etwas weiß, glaubt etwas Wahres (→ Wahrheit). Er kann auf die Frage, warum er etwas und nicht vielmehr etwas anderes glaubt, einen Grund anführen. Wer weiß, dass es regnet, hat die Regentropfen gesehen oder auf seiner Haut gespürt. Das Sehen oder Spüren des Regens ist der Grund des Wissens. Das Wissen darüber, dass es regnet, enthält diesen Grund, ist aber natürlich nicht identisch mit diesem Grund. Der Grund ist nicht der Regen, enthält ihn aber. Die Wissenssituation enthält also drei Elemente: die Wahrheit, das Glauben an die Wahrheit und die Rechtfertigung, also den Grund für den Glauben, dass die Wahrheit bestehe. Alle drei Elemente sind verschmolzen im Begriff des Wissens. Wissen ist dann gegeben, wenn der Glaube gerechtfertigt und wahr ist, die Wahrheit gerechtfertigt ist und geglaubt wird und die Rechtfertigung wahr ist und geglaubt wird. Das bedeutet das Folgende: Es ist nicht möglich,

Wissen dadurch zu erlangen, dass man einen wahren → Satz rechtfertigt. An einen wahren Satz glaubt man als Wissender nur, wenn man ihn schon weiß. Weiß man ihn hingegen nicht, glaubt man ihn auch dann nicht, wenn die Rechtfertigung zutrifft. Man kann Wissen nicht erlangen, indem man jemandem folgt, der einem eine Methode zeigt, von altgriechisch *methodos,* Weg oder Gang, also den Weg weist. Wissen erlangt man, indem einem die Augen jäh aufgehen. Wissen erlangt man, indem man plötzlich weiß. Wissen, das man zu erlangen glaubt, indem man anderen ohne eigene Einsicht folgt, die Gründe anführen, ist das Vorgaukeln von Wissen. An der Einsicht führt kein Weg vorbei, sie ist das Medium der → Sätze.

X

WIE X

X ist eine Scheinvariable, mit der wir alles überhaupt ausdrücken zu können glauben, und insofern der Baustein (→ Basteln) aller metaphysischen Verwirrung. Interessant ist eine der vielen Vermutungen über ihre Vorgeschichte: Die Galilei-Schule soll »cs« als die Abkürzung für italienisch *cosa*, von lateinisch *causa* verwendet haben, was wiederum als »x« gelesen werden konnte, wozu es dann spätestens bei Descartes wurde. Die Wahrheit über X ist, dass es nicht irgendetwas sein kann, sondern immer etwas Bestimmtes sein muss. X erzeugt den Schein, dass es möglich sei, über die vielen Konstanten hinwegzusehen, um das Allertiefste oder Allerhöchste, jedenfalls das Allerallgemeinste zu erkennen (Sein → Ontologie). Es ist das große Fragezeichen, das für den Grund des Seienden oder den → Satz aller Sätze (→ Theorie) steht. Die Wahrheit über X ist, dass Variablen nichts Allgemeines sind, sondern Platzhalter für etwas Bestimmtes. X ist, ganz trivial, immer A, B, C, D oder E. X ist leer, irgendetwas, und damit gar nichts, und nicht etwa ein Name, der alles auf einmal anspricht.

Es wird zu etwas, indem es in einer Formel vorkommt, die uns einen Weg zum Bestimmten weist, auch wenn dieses nicht immer leicht zu finden ist, wie jeder Mathematikschüler weiß.

Y

WIE Y

Y folgt nicht einfach auf → X, so wie die x-Achse und die y-Achse in einem zweidimensionalen kartesischen Koordinatensystem zusammengehören. Y ist ein Urzeichen für die Weggabelung. Wer die Wahl zwischen zwei Wegen hat, ist frei. Y steht für → Freiheit. Man möge sich daran erinnern, dass Freiheit einst genauso geschrieben wurde: Freyheit oder sogar Freyheyt. Y ist nicht irgendeine frei gewählte Variable, sondern die Freyheit der Wahl einer Variablen. Y ist ein Zeichen für die Weggabelung der Freyheit.

Z

WIE ZEITGEIST

Zeitgeist ist die Konstellation der gerade für wahr gehaltenen Irrtümer.

Zeit

geist

A

WIE ARTIFICIAL INTELLIGENCE

Artificial Intelligence ist, → ideologisch betrachtet, jene Art von technisch hergestellter Intelligenz, die aufgrund immer weiter steigerbarer Rechenleistung die natürliche übertrifft, überflüssig macht, überwindet und/oder schließlich sogar unterwirft. Intelligenz lässt sich messen. Sie ist das Vermögen eines Lebewesens, ein gegebenes Problem in einem endlichen (→ unendlich) Zeitraum (→ Zeit) zu lösen. Ein Lebewesen ist intelligenter als ein anderes, wenn es dasselbe Problem schneller löst. Künstlich ist eine Intelligenz, wenn sie auf einem Modell beruht, das die Eigenschaften der natürlichen → freien, → geistigen Lebewesen imitiert, moduliert und optimiert. Künstliche Intelligenz wäre demnach die höher entwickelte natürliche Intelligenz. Allerdings ist sie aus demselben mimetischen Grund, aus dem sie möglich ist, zugleich unmöglich. Gäbe es sie wirklich, müsste das künstliche System imstande sein, Probleme nicht nur schneller zu lösen, sondern wie das natürliche überhaupt ein Problem zu haben, um es anschließend lösen zu können. Nichtlebendige Systeme haben jedoch keine Probleme, die sich ihnen stellen. Sie sind lediglich an der Lösung von Aufgaben beteiligt, die sich intelligente Lebewesen stellen, etwa der Aufgabe, AI-Systeme zu bauen. Deshalb kann es keine künstliche Intelligenz geben, auch keine, die die natürliche versklavt. Was es jedoch gibt, ist Forschung zur Künstlichen Intelligenz und ihre Implementierung in technologischen Produkten. Der AI-Diskurs ist Etikettenschwindel der natürlichen, intelligenteren Art. Was bleibt, ist natürliche Intelligenz, ihre Phantasmen – und immer bessere Rechenmaschinen, die ihr zu Diensten sind. Es ist besser, Maschinen zu unterwerfen, d.h. bedingungslos als Instrumente zu verwenden, als Menschen. Insofern ist AI Fortschritt (→ progressiv).

B

WIE BIAS

Bias gilt als sozial antrainiertes Vorurteil, vorzugsweise gegenüber Minderheiten oder Gruppen. Was antrainiert ist, kann auch wieder abtrainiert werden. Als Ideal wird ein vorurteils- bzw. biasfreies Leben vorgestellt. Vorausgesetzt wird eine optimierte Rationalität menschlichen → Denkens, die sich nicht mit dem tatsächlichen beobachteten menschlichen Verhalten deckt. Aus dem Umstand des Widerspruchs wird geschlossen, dass das → alltägliche menschliche Denken voller Verzerrungen und Widersprüche, mithin irrational sei und sich selbst nicht durchschaue. Gefordert werden Anti-Bias-Training, Sensibilisierungskampagnen, Psychotherapien und Social Engineering, um den antrainierten Bias doch loszuwerden. In Wahrheit verhält es sich jedoch genau umgekehrt: Das Ideal der optimierten Rationalität ist selbst eine → ideologische Konstruktion, deren gesellschaftlicher Nutzen in keiner Weise bewiesen ist. Misst man den Bias nicht am problematischen Ideal der Vorurteilslosigkeit, erweist er sich nicht als Defizit, das es zu beheben gilt. Stattdessen entpuppt er sich als natürliche Voreinstellung des menschlichen Erkennens, dessen Rationalität zwar vorausgesetzt werden darf, aber ebenfalls noch nicht bewiesen ist. Nicht jedes Bias ist schlecht, es kommt auf die Voreinstellungen an. Schädliche Voreinstellungen kann man durch → Bewusstwerdung verändern. Wir sind nicht im Bias gefangen.

C

WIE CORRECTNESS

Correctness meint Richtigkeit. Richtigkeit ist eine untergeordnete Form der → Wahrheit, bei der es darum geht, den eigenen Erkenntnisapparat den sozialen Umständen anzupassen. Man richtet sich nicht nach den Tatsachen, die immer und überall gelten, sondern nach den Glaubenssätzen oder → Meinungen einer Gemeinschaft. Während es nur eine Wahrheit geben kann, existiert die Richtigkeit nur im Plural. Was als Political Correctness verhandelt wird, kann es deshalb nicht im Singular geben, weil es nicht die eine Gesellschaft gibt, die alle Gemeinschaften überwölbt oder umfasst. Selbstverständlich sollten alle Menschen im Grundsatz korrekt und nicht inkorrekt sein, also lieber anständig als unanständig, lieber vertragstreu als vertragsbrüchig, lieber rücksichtsvoll als rücksichtslos, nur kann der Gegenstand der Political Correctness zugleich niemals wohldefiniert sein. Weil er nicht wohldefiniert ist, diskutieren alle möglichen unterschiedlichen Gemeinschaften darüber, was mit Political Correctness gemeint sein könnte, ohne sich jemals auf einen Begriff einigen zu können.

Es herrscht eine Vielfalt von Richtigkeiten, die sich nicht mehr um die Wahrheit kümmern, stattdessen um die Zugehörigkeit zur Richtigkeit der jeweiligen Gemeinschaft. Aus der Wahrheit wird Richtigkeit, aus der Richtigkeit Zugehörigkeit, aus der Zugehörigkeit Unwahrheit.

D

WIE DIGITALISIERUNG

Digitalisierung ist ein deutsches Wort, das so klingt, als wäre es aus dem Englischen entlehnt. Doch gibt es keinen sinnvollen englischsprachigen Diskurs über Digitalization, sondern nur über Digital Transformation, wobei die englischsprachigen Sprachbenutzer damit wiederum meist implizit oder explizit auf den deutschsprachigen Diskurs Bezug nehmen. Der deutschsprachige Diskurs beruht auf der Gleichsetzung von technologischem Fortschritt mit der Veränderung soziopolitischer Verhältnisse. Die digitalisierte Gesellschaft wäre demnach eine, die für alle bestehenden sozialen oder politischen Probleme technische Lösungen bereithält. Die digitale Technik macht demzufolge die menschlichen Gesellschaften und liberalen Demokratien nicht nur effizienter, sondern auch transparenter, inklusiver, gleicher und gerechter, also in jedem Fall besser. Im Versprechen eines unbedingten Fortschritts (→ progressiv) liegt der → ideologische Wesenskern der Rede von der Digitalisierung. Gesellschaften lassen sich nicht digitalisieren, im Gegensatz zu Systemen der Aufzeichnung, Verarbeitung, Speicherung oder Weitergabe von Informationen, etwa einer alten Fotosammlung. Was die digitale Codeveränderung den Menschen bringt, muss im Einzelfall geprüft und kann nur im Einzelfall entschieden werden. Wenn ich meinen Kaffee digitalisiere, statt ihn zu trinken, habe ich einen Fehler begangen. Die Frage, was digitalisiert werden soll und was nicht, lässt sich nicht durch Digitalisierung beantworten. Es ist Aufgabe der Gesellschaft, wünschenswerte von nicht wünschenswerter Digitalisierung zu unterscheiden. Dazu ist sie allerdings nicht mehr imstande, wenn sie sich als digitalisierte Gesellschaft begreift und damit Digitalisierung mit gesellschaftspolitischem Fortschritt gleichsetzt.

E

WIE ENERGIEWENDE

Der Name der Energiewende ist ein hochtrabendes Etikett für die Frage, welche ökosoziale Form der Marktwirtschaft zuletzt den größten Profit verspricht und gleichzeitig nachhaltig ist, also nicht durch Selbstausrottung der Menschheit an ein vorschnelles Ende kommt. Es lassen sich die kapitalistischen Hegelianer von den nicht minder kapitalistischen Heideggerianern unterscheiden, jene, die den Ausbau des Bestehenden anstreben, von jenen, die es auf das radikale technologische Ereignis abgesehen haben. Die Hegelianer wetten auf den grünen Deal, das heißt auf den unbedingten, schrittweise immer besseren Ausbau der natürlichen erneuerbaren Energien von Wind, Wasser und Sonne (die Energiewende). Die Heideggerianer teilen die Überzeugung, dass der menschliche Eingriff in den grundlegenden Energiehaushalt des Universums in Form fortschrittlicher physikalischer Forschung zur Kernfusion oder zu etwas, das wir noch gar nicht kennen, die Wende bringen wird (die Energiekehre). Welche Wette von Erfolg gekrönt sein wird, kann heute niemand → wissen. Da der Staat nicht mehr weiß als die Individuen, die am meisten wissen, aber nicht alle für den Staat arbeiten, ist es nicht möglich, die Energiewende alleine durch staatliche Orchestrierung zu bewerkstelligen. Sicher ist nur, dass der Ausstieg aus der fossilen Moderne nach derzeitigem Wissensstand richtig (Richtigkeit → Correctness) ist.

F

WIE FACEBOOK

Facebook ist das gescheiterte philosophische Projekt, die Selbstausbeutung des menschlichen Selbstverhältnisses zu kommodifizieren. Das Geschäftsmodell des digitalen Fotoalbums besteht oder bestand darin, eine Plattform anzubieten, auf der jeder die Bilder eines gelingenden Lebens zur Schau stellen kann. Das Gelingen bemisst sich an der Anzahl der Freunde, die durch das Liken der Bilder zum Ausdruck bringen, dass sie ebenfalls die Kontrolle über ihre Selbstbildfunktion (→ Geist) verloren haben. Freunde sind selbstbildgesteuerte Avatare, die davon träumen, ein Leben zu führen wie all die anderen Freunde. Der Algorithmus von Facebook optimiert laufend das Spiel der Avatare, indem er sich die Details ihres dargestellten Lebens zunutze macht und die Nutzeravatare am Ende besser erfasst als die Nutzer sich selbst. In dem Augenblick, in dem den Nutzern → bewusst wird, dass der Avatar nur um den Preis des gläsernen Menschen zu haben ist, beginnen sie aufzubegehren. Sie entlarven das Freiheitsversprechen sozialer Netzwerke als das, was es im Wesentlichen ist: die Zusage einer zwanglosen Selbstunterwerfung (→ Artificial Intelligence) zum Zwecke eines zwangsläufig misslingenden Lebens. Dass sie für ihr Second Life noch nicht einmal eine Entschädigung erhalten, macht ihre Selbsttäuschung erst zur raffiniert gesteuerten Selbstausbeutung.

G

WIE GÖTTER

Es gibt entweder einen Gott oder keinen. Genauer: Gott ist entweder einer oder keiner.

H

WIE HIRN

Das Hirn ist der Ausgangspunkt der größten menschlichen Verwirrungen. Es sieht für viele heute so aus, als ob die Außenwelt nur im Hirn sei, in dem wir feststecken, weil wir nicht aus unserem Schädelkasten herauskommen. Es gibt Menschen, die glauben, das Hirn sei ein vereinheitlichtes Denkorgan, in dem sich die ganze Welt vorfindet. Doch gibt es kein lokalisierbares Organ im Schädelkasten des Menschen, das eine einzige Sache tut, zum Beispiel die Welt zu repräsentieren. Stattdessen gibt es bloß ein vertracktes, bis heute durch niemanden verstandenes Netzwerk von Nerven, die den ganzen Menschen durchzucken. Hirn ist der Name für die Illusion (→ Ideologie) der singulären Existenz eines menschlichen Denkorgans. Der richtige Name ist Gehirn. Beim Gehirn handelt es sich wie beim Gewitter oder Gebirge um eine Ansammlung verschiedener Systeme. Ein Gebirge ist kein Berg, ein Gehirn kein Hirn. Das Gehirn tut nicht nur eines, sondern alles Mögliche, das man erforschen kann. Es ist nicht selbst der → Geist, sondern bloß die notwendige leibliche Voraussetzung für das menschliche → Denken. Die Welt befindet sich nicht im Gehirn, sondern das Gehirn befindet sich umgekehrt in der Wirklichkeit und der mit ihm ausgestattete Mensch immer schon bei den → Dingen. Wenn der Mensch sich im Hirn lokalisiert, also mit dem Hirn identifiziert, ist dies das Ende alles ernsthaften philosophischen Erkennens und der Beginn eines Gebirges von Scheinproblemen, also nichts, was ein ernsthaftes Gehirn untersuchen oder unternehmen sollte.

I

WIE IDEOLOGIE

Ideologie ist falsches → Bewusstsein. Falsches Bewusstsein ist eine falsche Vorstellung davon, was Bewusstsein ist und damit zugleich, was der Mensch als → freies, → geistiges Lebewesen ist. Die Grundform der Ideologie besteht in der Idee, dass das Bewusstsein die Welt repräsentiert und zugleich als Teil der Welt in der Welt vorkommt. Ideologie beginnt also da, wo der Mensch zu wissen glaubt, dass das Bewusstsein im Gegensatz zu einer Außenwelt → existiert, die nichts mit dem Bewusstsein zu schaffen hat. Urideologisch ist die Behauptung einer Spaltung von → Ich und Welt, die innerhalb der bestehenden Ordnung bzw. Unordnung (→ Chaos) nicht überwunden werden kann. Ihre politische Funktion besteht darin, aus einer falschen Ich-Welt- oder Subjekt-Objekt-Spaltung ein Wahl- oder Revolutionsprogramm zu machen. Der Neurozentrismus ist die moderne Ideologie par excellence, weil dessen Vertreter zu wissen vorgaukeln, worin der Unterschied zwischen Mensch und Außenwelt besteht, nämlich im Bewusstsein, das sich im → Hirn lokalisiert. Ideologie ist nicht eine verzerrte Darstellung der gesellschaftlichen Verhältnisse, sondern liegt tiefer. Die Verzerrung der gesellschaftlichen Verhältnisse ist selbst schon Ausdruck der Ideologie, also der Ich-Welt-Spaltung. Das falsche Bewusstsein ist nicht etwa die Verzerrung der gesellschaftlichen Macht-, Klassen- und Wirtschaftsbeziehungen, die Menschen in die Ungleichheit treiben, sondern eben eine falsche Vorstellung vom Bewusstsein und damit vom Geist. Ideologie ist Ungeist.

J

WIE JAKOBINISMUS

Jakobinismus ist die seit der Französischen Revolution benennbare Pathologie des sich als konsequent verstehenden Tugendhandelns (→ Handlung). Dieses Tugendhandeln zeigt sich entweder im Moralismus, der auf den sozialen Tod der Tugendlosen abzielt, oder im Terrorismus, der die Untugendhaften physisch auszulöschen trachtet. Der Tugendterror entsteht dann, wenn der Mensch glaubt, dass alle normativen Konflikte der modernen Gesellschaft durch ethische Reflexion lösbar und insofern bloß Scheinkonflikte sind. Der oberste kategorische Imperativ des Jakobinismus besteht darin, einfach nur das moralisch → Richtige zu tun. Wer immer und überall das moralisch Richtige tut, ist ein heiliger Mensch. Wer sich selbst als guten Menschen begreift, der versucht, heilig zu werden, → glaubt das Richtige zu tun, was immer er auch tut. Doch gibt es Situationen, in denen das Richtige oder moralisch Gebotene durch andere Normen überschrieben wird. Das Gebot, keinen Menschen zu töten, wird außer Kraft gesetzt, sobald man von einem Mitmenschen an Leib und Leben bedroht wird. Ein Jakobiner hat keine Möglichkeit, diesen Konflikt zu lösen oder auch nur zu erkennen. Er glaubt stattdessen, dass ein solcher Konflikt nur in einer verdorbenen, korrupten Welt entstehen kann, die nicht die seine ist. Er revidiert nicht sein Gebot, sondern therapiert die Mitmenschen. Er will die Welt insgesamt so verändern, dass immer das moralisch Gute möglich ist, übersieht aber, dass diese Vorstellung das Tun des moralisch Falschen, d.h. den Jakobinismus erst ermöglicht.

K

WIE KONSERVATIV

Im Erdzeitalter der drohenden Selbstausrottung der Menschheit kommt alles darauf an, den Fortbestand der Menschheit zu sichern. Um den Fortbestand der Menschheit zu sichern, müssen die Menschen neue Normen der Energiegewinnung (→ Energiewende) und des Zusammenlebens entwickeln, die über die gegenwärtigen Selbstzerstörungstendenzen hinausweisen. Neue Normen zur Sicherung des Fortbestandes zu entwickeln, heißt, konservativ zu sein. Der Bewahrungsauftrag der Schöpfung lässt sich nur durch → progressive Normen erfüllen, und alles wirklich Progressive hat in seinem Wesen eine konservative Grundtendenz. Das Konservative kann nur progressiv sein und das Progressive nur konservativ.

L

WIE LIBERAL

Liberal ist, wer glaubt, dass → Freiheit der Imperativ ist, der über Gleichheit und Solidarität steht. Egalitarist ist man, wenn man glaubt, dass Gleichheit über der Freiheit und der Solidarität steht. Kommunist wird man, wenn man glaubt, dass Solidarität über Freiheit und Gleichheit steht. Freiheit gibt es für Liberale nur unter Gleichen, und Solidarität begreifen sie als freiwilliges mitmenschliches Verhalten in politischen Großkörpern. Liberal ist man nicht, wenn man sagt, der Markt müsse vom Staat befreit werden. Liberal ist man auch nicht, wenn man sagt, der Staat müsse selbst zum Markt befreit werden. Liberal ist, wer sagt: Es ist politisch alles erlaubt, was moralisch nicht verboten ist, und außerdem noch mehr, weil die Politik nicht auf die Moral reduziert werden kann. Der Liberale ist der Gegenspieler des Extremisten, kein Pol, sondern ein eigener Vektor. Was Liberale von Moralisten (→ Jakobinismus) unterscheidet, ist die Überzeugung, dass moralische Normenkonflikte die Regel, da unumgänglich sind. Wo Konflikt war, muss politischer Streit werden, der nur aufgelöst werden kann in einem neuen Vektor, wenn die Fehlbarkeit aller Beteiligten anerkannt wird. Da sie um die Fehlbarkeit aller Menschen wissen, wollen Liberale anders als die Moralisten niemals einem Klub angehören, der nur aus ihresgleichen besteht. Für Liberale sind Egalitaristen und Kommunisten das Salz in der Suppe einer liberalen Gesellschaft. Der Liberale erträgt die Wirklichkeit (→ Realismus), ist mit ihr nicht immer glücklich, weiß aber, dass Freiheit nur so zu bewahren (→ konservativ) ist. Es kann in der Wirklichkeit keine → Utopie geben – die gute Nachricht für den Liberalen ist, dass dies auch nicht möglich ist. Alles Utopische ist → Jargon.

M

WIE MACHT

Macht verführt zur Illusion, dass sich jeder politische Konflikt am Ende nur durch eine reine Entscheidung lösen lässt. Der Versuch, Konflikte durch die Politik als Macht bzw. die Machtpolitik zu lösen, ist identisch mit einer Kriegserklärung. Ein Krieg ist aber nicht die Lösung eines Konflikts, sondern das Eingeständnis seiner Unlösbarkeit. Einen Krieg gewinnt man nicht. Ein Kriegsende ist kein Sieg, sondern bloß der → Anfang des nächsten Konflikts. Der Begriff der Macht ist nur der Platzhalter für die Abwesenheit einer Erklärung dafür, dass ein unentscheidbarer Konflikt sich irgendwann nicht mehr stellt. Von Macht sprechen die Praktiker und Theoretiker immer dann, wenn sie nicht mehr weiterwissen. Macht erscheint mysteriös, liquide, omnipräsent, ohne es im Geringsten zu sein. Macht ist die dunkle Materie unserer Erklärungen der soziopolitischen Wirklichkeiten, in denen wir leben.

N

WIE NACHHALTIGKEIT

Wer Nachhaltigkeit sagt, spricht dabei scheinbar über die Bewahrung (→ konservativ) der natürlichen Bestände von Planet Erde. Die bloße Bewahrung der natürlichen Bestände von Planet Erde kann aber deshalb nicht nachhaltig sein, weil Planet Erde sich in ständiger Veränderung befindet, auch ohne den Menschen. Nachhaltiges menschliches Handeln im Sinne einer Bestandsbewahrung des Planeten kann nur in einer Beförderung der Veränderung bestehen. Der Sinn der Nachhaltigkeit liegt nicht in einer Bewahrung, sondern in einer Veränderung der Veränderung der Schöpfung, also in der Herstellung einer Stabilität unter instabilen Bedingungen. Das ist ein völlig anderes Konzept als die Fantasie mancher Ökologisten (→ Ökologie), zu einer von Menschen unberührten Natur zurückzukehren. Der Planet kennt kein natürliches Gleichgewicht. Er hat keine natürliche, durch den Menschen gestörte Ordnung. Was auf seiner Oberfläche jeweils lebt, verändert sich. Nachhaltigkeit ist also nicht Bewahrung der Natur oder der Schöpfung, sondern Veränderung in unserem Sinne, d.h. im Interesse des Menschen.

O

WIE OEKOLOGIE

Die Ökologie erforscht, anders als manche → meinen, nicht die Natur und auch nicht den Planeten, sondern den *oikos*, altgriechisch für Haushalt, also die Umwelt als komplexes System. Bei der Umwelt handelt es sich nicht etwa um all das, was nicht der Mensch ist, sondern um das, was der Mensch kultiviert, um zu überleben. Die Ökologie erforscht die Bedingungen der Möglichkeit des Fortbestandes und des besseren Lebens der Menschheit als Teil des natürlichen Geschehens auf Planet Erde. Der Ökologismus hingegen ist die → Ideologie, wonach es in der Ökologie einzig darum geht, eine vom Menschen befreite Natur zu sichern, zu bewahren und zu fördern. Der Mensch gerät allein als Gegenpol und Widerspruch zur Natur in den Blick. Das ist Ideologie, weil der Mensch-Natur-Unterschied nur eine Variante der irrigen Idee ist, dass unser Hirn oder geistiges Innenleben von einer geistig unvermittelten Außenwelt unterschieden ist. Die Ökologisten mögen nur diese von uns scheinbar unberührte Außenwelt, wodurch sich ihr Dogmatismus vom Skeptizismus derjenigen unterscheidet, die an ihrem Hirn verzweifeln.

P

WIE PROGRESSIV

Progressiv heißt eigentlich, ursprünglich und wesentlich, aus dem Einen herauszutreten. Die griechischen Philosophien sprachen vom pro-hodos. Das Progressive ist das, was durch das Heraustreten als solches in Erscheinung tritt. Alles, was überhaupt → existiert, ist progressiv. Eine fortschrittliche Einstellung besteht darin, das sich verändernde, heraustretende Existierende zu verändern. Die bloße Veränderung ist nicht als solche eine Veränderung zum Besseren. Der relevante Begriff des Progressiven orientiert sich am Fortschritt zum Besseren. Der Fortschritt zum Besseren kann aber nicht darin bestehen, das Gute zu verbessern. Der wahre Progressive ist der → Konservative, der sich davor hütet, das Gute und damit das Bessere zu verändern, und hilft, es zu bewahren.

Q

WIE QUANTENMECHANIK

Die Quantenmechanik wird in der gehobenen Alltagskultur (→ Alltag) dramatisch überschätzt. Sie wird als Tao der Physik für alles Mögliche herangezogen, um das Universum als mysteriösen, verwinkelten und nur in schwerster Mathematik beschreibbaren Raum zu verstehen. Doch in Wirklichkeit ist sie bloß ein hoch spezialisiertes Forschungsgebiet der Physik, in dem gigantische mathematische Errungenschaften erzielt worden sind, aus denen sich teilweise technologisches Kapital schlagen lässt, zum Beispiel der Quantencomputer. Die Quantenmechanik lehrt aber nichts über die Wirklichkeit im Ganzen. Es sind meist philosophische Interpreten oder physikalische Propheten, die behaupten, die Quantenmechanik habe uns eine neue Art des → Denkens beschert. Demnach hat es zuerst ein klassisches, langweiliges, naives Zeitalter und dann ein modernes, kreatives, elektrisierendes Zeitalter der Physik gegeben, das das Verständnis der Welt von den Füßen auf den Kopf gestellt hat. Das ist jedoch die populäre Interpretation der Quantenmechanik und nicht selbst Quantenmechanik. Die Interpretation ist hier → Ideologie. Wer glaubt, dass die Quantenmechanik einer Interpretation bedürfe, um Schrödingers Katze oder den Welle-Teilchen-Dualismus zu lösen, versteht die Quantenmechanik nicht. Zum Wesen der Quantenmechanik gehört es, dass sie sich nicht verstehen und folglich auch nicht interpretieren lässt. Aber ihre Berechnungen sind solide, bewundernswerte mathematische Physik der Spitzenklasse.

R

WIE REAKTIONÄR

Reaktionär ist, wer versucht, den Fortschritt (→ progressiv) unter Bezugnahme auf einen behaupteten, vergangenen Ideal- oder Gleichgewichtszustand aktiv zu verhindern. Der Reaktionäre ist damit ein → Utopist wider Willen und bezieht eine verzweifelte Position. Dasjenige, was er in der Vergangenheit vermutet, → existiert nur in der Gegenwart in der Form seiner falschen Vorstellung einer Vergangenheit, die so niemals existiert hat.

S

WIE SCHWEIZ

Die Schweiz ist aus der Sicht ihrer Anrainer eine bloße Simulation der nachbarschaftlichen Verhältnisse. Die Deutschen und Österreicher glauben, dass die Deutschschweiz so ähnlich sei wie Deutschland oder Österreich, nur anders. Die Franzosen glauben, dass die Welschschweiz so ähnlich sei wie Frankreich, nur anders. Die Italiener glauben, dass das Tessin so ähnlich sei wie Italien, nur anders. Aus der Sicht der Schweiz verhält es sich jedoch völlig anders. Die internen kulturellen Unterschiede der Schweiz sind keine Spiegelungen des Auslands, wie es in der Schweiz heißt, weil die Schweiz das Ausland so gekonnt wie erfolgreich ignoriert. Die Schweiz zeigt sich in der Differenz zwischen dem, was die Ausländer für die interne Differenzierung der Schweiz halten, und dem, was sie wirklich ist. Die Schweiz ist deswegen sowohl ihrer selbst sicher als auch unsicher darüber, was sie ist, weil sie von außen so anders aussieht. Die Schweiz ist ein philosophisches Problem. Was sie wirklich ist, bleibt auch für die Schweizer selbst ein Rätsel. Weil die Schweiz eines der höchsten Maße an kultureller

Diversität auf Planet Erde aufweist, das eher mit Indien als mit Deutschland zu vergleichen ist, vermag sie ihre eigenen Muster nicht zu erkennen. Aus dem Blick der Anrainer ist die Schweiz unsichtbar, aus dem Binnenblick der Schweizer ist sie unerkennbar.

T

WIE TIER

Das Tier ist eine Fiktion des Menschen. Was wir für das Tier halten, ist stets der Mensch minus etwas: Mensch – x = Tier. Denn der Mensch versteht sich zunächst als Tier plus ein spezifisches Etwas: → Vernunft, Moral, Sprache (→ Sätze), → Geist, Erkenntnis, Transzendenz oder was auch immer. Mensch = Tier + → x. Dann wäre das Tier eben wie ein Mensch, nur als Wesen, dem es an unserem Etwas mangelt. Da hilft es nicht, die Besonderheiten der Insekten, Löwen, Giraffen nachträglich zu loben. Wenn man die anderen Lebewesen ebenfalls als Tiere plus irgendetwas (Flügel, Behaarung, andere Gene als unsere) auffasst, bleibt es dabei, dass das Tier ein Mängelwesen ist. Es gibt keinen Grund, dies zu glauben.

U

WIE UTOPIE

Die Utopie strebt nach einem unerreichbaren Ideal. Ein Ideal, das nicht erreicht, sondern nur angestrebt werden kann, ist jedoch schlechter als ein Ideal, das sich realisieren lässt. Bei einem utopischen Ideal handelt es sich gar nicht um ein Ideal, sondern um ein Missverständnis. Was sich nicht erreichen lässt, ist auch nicht wünschenswert. Es ist weniger als ein Traum, Wolkenkuckucksheim. Die heutige Utopie schlägt in die Dystopie um, die den Weltuntergang sowie viele andere Untergänge befürchtet: Klima, Demokratie, die Menschheit, die Natur. Alles scheint sich in einer Krise zu befinden, die Zukunft wirkt finster. Daraus schöpft die heutige Utopie ihre Kraft, weil sie immerhin zu wissen scheint, was es zu verhindern gilt. Aber eine Dystopie ist ebenso unerreichbar wie eine Utopie. Man kann sie genau deswegen nicht verhindern, weshalb die utopische Dystopie ein Akt der Verzweiflung ist.

V

WIE VERZICHT

Verzicht scheint im Bereich der → Ökologie die einzige Lösung für Probleme zu sein, von denen man glaubt, dass man sie nicht lösen kann. Man verzichtet also lieber auf die Lösung der Probleme und nennt es Verzicht als Lösung.

W

WIE WAHRHEIT

Man muss zwischen dem → ideologischen und dem philosophischen Begriff der Wahrheit streng unterscheiden, was eine entscheidende Wahrheit über Wahrheit ist. Der ideologische Begriff legt nahe, dass man *die* Wahrheit selbst dann nicht erkennen könnte, wenn es sie gäbe. Jeder hat demnach seine eigene Wahrheit, ich meine und du deine. Wer von Wahrheiten im Plural spricht, hat jedoch jeden Wahrheitsanspruch fahren gelassen und verwechselt Wahrheit mit → Meinungen, die es tatsächlich nur im Plural gibt. Die Wahrheit im philosophischen Sinne ist leicht zu erkennen. Sie ist das, was wir kennen, wenn wir etwas erkennen (→ Wissen). Es ist wahr, dass wir gerade diese Sätze aufschreiben. Nicht aufregend, aber wahr. Wer Wahrheit für ausgesprochen schwierig oder sogar politisch verdächtig hält, weiß nicht, wie einfach sie meistens ist. Natürlich gibt es nicht die eine, alles überstrahlende Wahrheit mit großem W in der Art einer großen Verschwörungstheorie. Es gibt die Wahrheit, dass 2+2=4 ist, dass Deutschland viele schöne Seen hat, dass es in London häufiger regnet als in der

Sahara. Alle diese wahren Sätze gelten aber für mich *und* dich. Sie sind null → ideologisch. Die vielen wahren Sätze, die es gibt, scheinen neben der Wahrheit mit großem W, die es nicht gibt, irgendwie matt, platt, bloße Schatten. Doch das ist nur eine Illusion, denn es sind die vielen kleinen wahren Sätze, die uns im → Alltag → freier machen.

X

WIE XENOPHOBIE

Xenophobie ist für gewöhnlich der Name für den epistemischen und moralischen Irrtum, im Fremden etwas Abzuwertendes, gänzlich anderes zu erkennen, das nichts mit dem Eigenen zu tun hat, und ist insofern der → Ideologie verwandt. Ist aber das Fremde das gänzlich unerkennbare andere, können wir auch nicht wissen, wo es beginnt und wo es aufhört. Ist das Fremde nicht das gänzlich andere, liegt es auch im Eigenen. Das wahre Fremde beginnt dort, wo wir selbst sind. Der Hinweis auf faktisch bestehende, gefährliche Xenophobie gegenüber dem fremden anderen ist einerseits → richtig und anderseits irreführend. Die ständige Erwähnung der Furcht vor dem anderen verschleiert zugleich die Furcht vor dem eigenen Fremden. Die → alltägliche Xenophobie zeigt sich in der eigenen Einstellung zum Nachbarn oder des eigenen Nachbarn zu mir.

Y

WIE YOUTUBE

Youtube ist das Simulacrum des Fernsehens. Ein Simulacrum ist eine hyperreale Version von etwas. Eine hyperreale Version von etwas ist mehr von derselben Sache als die Sache selbst. Das Fernsehhafte an Youtube besteht darin, dass sich alle die Teaser anschauen, aber niemand das Video zum Teaser zu Ende schaut. Youtube ist Metazapping. Der Youtube-Algorithmus zappt für mich. Was der Nutzer auf Youtube anschaut, ist das Zapping und nicht der Inhalt. Youtube ist mehr Fernsehen als das Fernsehen selbst und deshalb die Quelle einer neuen Fernseh- und nicht einer Internetsucht.

Z

WIE ZUKUNFT

Die Zukunft ist ein schwarzes Loch, das mit politischen Narrativen gefüllt wird. Die Füllung des schwarzen Lochs ist das Ausmaß der → Ideologien der Gegenwart. Zukunft ist Zukunftsmusik. Wer sie schon heute hört, hat entweder ein Gehörproblem oder sitzt einem → Ohrwurm auf, über den er sich täuscht.

AII

ag

A

WIE ALLTAG

Alltäglichkeit ist der verzweifelte, täglich wiederholte Versuch, der Metaphysik und der Politik zu entrinnen. Metaphysik ist die Rückführung von allem, was es gibt, auf eine unsichtbare Einheit. Politik ist die Etablierung eines sichtbaren Einen, politische → Macht der Rückspiegel, in dem man das Absolute zu erkennen glaubt. Der Mensch strebt nach einem Zustand des ungetrübten Bei-sich-selbst-Seins im zwecklosen Tun, im Flow der reinen Subjektivität. Doch diesen Endzustand des unbesorgten Besorgens gibt es nicht, weil der menschliche → Geist immer schon bei den anderen ist und die anderen bei ihm. Alltag gelingt nur mit anderen, doch diese führen Metaphysik und Politik bei sich, wie sehr man sich auch müht, dies höflich zu kaschieren. Dadurch entsteht Alltag. Für eine erfolgreiche Bewältigung des Lebens kommt alles darauf an, in den täglichen Verrichtungen und Begriffen immer auch die höheren Spuren des Denkens und die niedrigen Spuren der Manipulation zu erkennen. Das wäre Alltag ohne All: jeder Tag ein anderer Tag.

B

WIE BAUSTEINE

Das Basteln mit Bausteinen ist eine beliebte Alltagspraxis (→ Alltag). Sie verführt schon im Kindesalter zu einer metaphysischen Auffassung der Wirklichkeit, wonach diese aus Bausteinen besteht, die jemand hergestellt hat. So, als ob die Wirklichkeit ein riesiger Legobaukasten wäre, der, von der unsichtbaren Hand Gottes oder der Physik geführt, die großen und kleinen Strukturen zusammensetzt, die wir als → Dinge wahrnehmen. Zu glauben, dass dies → wahr sei, ist Legozentrismus, vielleicht die wahre Quelle des Logozentrismus, der alles Denken in einfache Bausteine, Begriffe und Namen, zerlegt. Während das Spiel mit Bausteinen uns einerseits intelligent (→ Artificial Intelligence) macht und zeigt, wer ein Protoingenieur ist, verstellt es uns andererseits die Sicht darauf, dass die Wirklichkeit (→ Realismus) keinen Bauplan hat und auch nicht aus Bausteinen besteht.

C

WIE CAPPUCCINO

In Italien trinkt man einen Cappuccino nur in den frühen Morgenstunden. Ein Cappuccino ist die Ausgeburt der perfiden Strategie, den Koffeingehalt eines an sich starken Espressos durch Beifügung von geschäumter Milch und Zucker weiter zu intensivieren. Der Cappuccino ist der gelebte Traum eines intensiven Lebens. Der berechtigte italienische Vorwurf an den deutschen Cappuccino-Trinker besteht deshalb in zweierlei. Erstens: Wer sich einen Cappuccino nach 10 Uhr vormittags gönnt, muss im Dämmerzustand leben. Und zweitens: Wer dauernd im Dämmerzustand lebt, also dem Gegenteil von → Wachheit, kann gar nicht → wissen, wie ein Cappuccino schmecken sollte – wie das Gegenteil eines Latte macchiato.

D

WIE DINGE

In der Welt der Dinge gibt es den Tisch, den Apfel, die Brille, die Brücke und das Haus. Diese Welt scheint eingerichtet zu sein wie ein auf den Menschen zugeschnittenes Möbelhaus, ein Mega-Ikea der Wohnlichkeit. Dadurch entsteht der Eindruck, als sei auch die ganze Welt eine große geordnete Veranstaltung für an sich unbehauste Menschen, die nur einen kurzen Auftritt im Möbelhaus haben, das uns alle überdauert. Bei genauerer Betrachtung zeigt sich jedoch, dass es im Universum keine Dinge gibt, was spätestens an der spärlichen Ausstattung auf dem Mond auffällig wird. Noch deutlicher wird es, wenn man genauer und immer genauer hinsieht, bis man die Quantenwirklichkeit (→ Quantenmechanik) trifft, die ohnehin nicht mehr von Dingen bevölkert ist. Doch erzeugt der entsandte Mond- und Mars-Roboter, der ja selbst ein Ding ist, durch seine schiere Präsenz zugleich den Eindruck der Bewohnbarkeit des Mondes und des Mars. Damit zeigt sich auch der wahre Sinn seiner Mission: Er soll für uns Menschen den Schein der Wohnlichkeit auch auf Planet Erde bewahren – wider besseres → Wissen.

E

WIE ERZIEHUNG

Erziehung ist die Einsicht in den Unterschied zwischen dem, was die Eltern von ihren Kindern gerne möchten, und dem, was die Kinder tatsächlich sind. Echte Erziehung sucht nach dem Wesen des jeweiligen Kindes und hütet sich davor, das Kind in das einzuführen, was man selbst für das Richtige (Richtigkeit → Correctness) hält. Erziehung ist Orientierung der Eltern im und am Interesse des Kindes. Dadurch werden sie, die Eltern, selbst erzogen, weil sie lernen, wer sie eigentlich sind. Erziehen kann nur, wer bereit ist, erzogen zu werden. Erziehen heißt also immer und vor allem: sich erziehen lassen.

F

WIE FAMILIE

Familie ist der Ort der sichersten Einbindung des Menschen in die an sich bedrohliche Wirklichkeit (→ Realismus). Zugleich ist die Familie jedoch selbst die größte Bedrohung für den heranreifenden Menschen. Nur in der Familie können wir ganz wir selbst sein (Selbst → Ich), und nirgendwo gibt es tiefere Eingriffe in unser Selbst-Sein als eben im Kreis der engsten Verwandten. Familie bedeutet immer auch die größte Gefahr für den Menschen und im selben Maße die größte Hoffnung für die Menschheit. Weil die Familie die erste und letzte soziale Formation des Menschentiers (→ Tier) ist, ist sie auch Ausgangspunkt all seiner gesellschaftlichen Überlegungen. Denn in der Familie lernen wir zu → lieben und wertzuschätzen, und darauf kommt alles an. Dass die Familie dabei eine Funktion mit vielen Variablen und keine einfache biologisch-leibliche Struktur ist, ist inzwischen bekannt.

G

WIE GELASSENHEIT

Das Werden triumphiert im Leben über das Sein (→ Ontologie). Gelassenheit liegt in der Erkenntnis, dass der radikale Wandel (→ progressiv, → konservativ) der Normalfall ist. Sie ist keine meditative Übung, sondern eine kühle Aussage über die Wirklichkeit (→ Realismus): Sie braucht mich nicht, sie sorgt sich um sich selbst. Gelassen ist deshalb nicht, wer sich müht, die weltlichen Bindungen und Verpflichtungen endlich loszulassen. Gelassen ist, wer die Kraft hat, den ständigen Wandel dadurch anzunehmen, dass er ihn sein lässt.

H

WIE HUNGER

Wir sind in den Wohlstandsgesellschaften hungrig nach allen möglichen Lebensmitteln. Doch wer hungrig nach etwas oder auf etwas ist, weiß nicht, was Hunger ist. Hunger ist nicht das Bedürfnis, etwas Bestimmtes (→ X) zu essen. Der echte Hunger ist einfach nur Hunger, der das ganze Leben affiziert, also eine schwere Form der Krankheit, die im menschlichen Kontext sozial oder politisch produziert wird. Die meisten Leser dieser → Sätze wissen ebenso wenig, wie sich Hunger anfühlt, wie der Autor dieser Sätze. Das Ziel individuellen und gesellschaftlichen → Handelns muss immer sein, Hunger zu vermeiden und in Appetit zu überführen.

I

WIE IGEL

Igel sind unheimlich. Eines Nachts wacht man auf und hört seltsame, aufdringliche Geräusche, die das mentale Alarmsystem aktivieren. Ein Einbrecher muss sich auf dem Grundstück herumtreiben. Man schreitet mit der Taschenlampe durch den Garten, zu allem bereit. Aber da ist niemand. Die Geräusche sind verstummt. Man legt sich wieder hin, der Einbrecher ist bereits im eigenen Kopf. Das Ganze geht von vorne los: Geräusch, Ruhe, Geräusche, Stille. Am Morgen ist man gerädert und verängstigt. Der Nachbar (→ Xenophobie), der im Gegensatz zu einem selbst etwas von Tieren versteht, klärt auf: Das waren wieder mal die Igel, das weiß doch jeder. Man lernt: Igel sind also nicht vor allem süße und stachelige Wesen. Sie sind laut schmatzende nachtaktive Raubtiere.

J

WIE JACKETT

Trägt man ein Jackett zusätzlich zu einem Hemd oder Pullover, wirkt man dadurch automatisch eleganter. Der Grund liegt darin, dass ein Jackett eine Jacke für den menschlichen Innenraum ist. Wer eine Jacke trägt, ist in seinem Wesen bekleidet. Wer keine trägt, bewegt sich in Richtung Nacktheit. Je nackter man trotz Bekleidung wirkt, desto modischer ist man womöglich gekleidet, aber desto weniger elegant ist man zugleich. Eleganz beschreibt also den Umstand, dass der ganze Mensch wirklich bekleidet ist. Das Jackett trägt diesem Umstand Rechnung.

K

WIE KINDER

Tochter: Das größte Geschenk ist das Leben.
Vater: Wenn ich nicht lebte, wäre mir dies völlig egal.
Tochter: Das geht doch gar nicht.
Vater: Warum nicht?
Tochter: Bevor du hier warst, hast du im Himmel gelebt. Und als du vom Himmel gekommen bist, hast du durch die Luft vergessen, dass du zuvor im Himmel warst. Wenn du stirbst, kommst du wieder in den Himmel und bereitest die Nächsten vor, die ebenfalls vom Himmel kommen und durch die Luft das Kommen wiederum vergessen. Du kannst also gar nicht nicht leben. Deswegen ist das Leben eben doch das größte Geschenk.
Vater: Wo du recht hast, hast du recht.
Tochter: Nein, warte, es ist ganz anders. Vielleicht ist jeder von uns der Traum eines Gottes.

Erwachsene betrachten das Erwachsensein als gesellschaftlichen Normalzustand und Kinder folglich als Noch-nicht-Erwachsene. Sie sehen in ihnen Mängelwesen, die einer → Erziehung bedürfen, um erwachsen zu werden. Diese Betrachtungsweise unterschätzt die Eigenwirklichkeit der Kinder. Es verhält sich in → Wahrheit genau umgekehrt: Nichts ist wichtiger im menschlichen Leben als das eigene Kindsein, das auch Erwachsene bewahren (→ konservativ). Das Wort »kindisch« gehört aus dem Katalog der Schimpfwörter gestrichen. Es ist ein Ehrentitel.

L

WIE LACHEN

Lachen ist ein Maß für das Gelingen des → Alltags ohne All. Je mehr der Mensch lacht, desto mehr steht er über den → Dingen, ohne auf sie herabzuschauen. Doch lässt sich das Lachen weder trainieren noch provozieren. Es lacht, wie es → denkt oder blitzt.

M

WIE MEDITIEREN

Meditieren ist in Wohlstandsgesellschaften außerhalb der Klöster eine fernöstlich inspirierte Übung, um den → Alltag durch eine alltägliche Gewohnheit hinter sich zu lassen. Darin zeigt sich ein Widerspruch, der sich auch durch die höchste Kunst der Verrenkung nicht auflösen lässt. Wer alltäglich meditiert, um dem Alltag zu entfliehen, verändert den Alltag, entflieht ihm aber nicht.

N

WIE NAME

Es ist wichtig, wie man heißt. Die Namen dienen uns als Hinweise darauf, wie jemand ist, als ob man eine Diana, ein Alon, ein Lear sein könnte. Namen deuten für uns das Schicksal an, weswegen sie die Philosophen und Dichter zur Spekulation animieren. Durch Namen erlangen wir scheinbar Identität, wir werden wer. Man übersieht im → Alltag, dass man allerdings schon jemand war, ehe man einen Namen hatte. Wer wir wirklich sind, wird vom Namen nicht bezeichnet. Aber das Nennen bereitet uns Freude, weil es das Gefühl einer abgesicherten Identität (→ Ich) vermittelt, die man anderen mitteilen kann.

O

WIE OHRWURM

Ein Ohrwurm ist nicht einfach eine Melodie, die uns nicht aus dem Kopf geht. Darüber hinaus zeigt uns der Ohrwurm, was wir im tiefsten Herzen begehren: so zu leben, als wäre unser Leben ein Film. Die kabellosen Kopfhörer sind das Tor zum eigenen großen Kino, das Gestell des Ohrwurms. Deren Träger leben so, als wären sie die Protagonisten in diesem Kinofilm. Sie leben und beobachten sich zugleich beim Leben. Überdies glauben sie zu ahnen, dass es irgendwo einen Regisseur gibt. Die unangenehme → Wahrheit ist, dass das Leben kein Film ist. Aber gibt es dennoch einen Regisseur (→ Götter)?

P

WIE PARTY

Party ist Ausdruck der Gewissheit, dass das → bewusste menschliche Leben seine Grenze (→ Tod) in sich trägt. Wenn der Sinn des Lebens nur im Leben selbst gefunden werden kann, dann ist Party die großartige Idee, dass die Situation, in der wir uns gerade befinden, haargenau derjenigen entspricht, die wir gesucht haben. Es klingt frivol, ist aber das Gegenteil aller Frivolität: Party ist genau dann, wenn wir für eine kurze → Zeit die Antwort auf die Frage nach dem Sinn des Lebens gefunden haben.

Q

WIE QUARANTÄNE

Quarantäne ist ein Modus des → Alltags und nicht bloß das Sich-Fernhalten von anderen. Wenn die jüngste Pandemie etwas gezeigt hat, dann dies: Die Quarantäne ist die politisch gewollte Herstellung einer neuen gesellschaftlichen Normalität. Die gute Nachricht ist, dass die neue Normalität sich doch nur als die alte herausstellt. Die schlechte Nachricht ist, dass es hierfür zu lange gedauert hat. Die große Frage war zu jedem Zeitpunkt und bleibt bis zum heutigen Augenblick: Wann entscheiden wir, dass die Pandemie zu Ende ist? Warum ist sie nicht längst zu Ende? Genauer: Warum nicht jetzt? Noch genauer: Wenn jetzt, warum nicht schon gestern? Die Quarantäne ist eine Veralltäglichung der Politik und Politisierung des Alltags. Sie ist auf die Dauer unerträglich, weil der Alltag in seinem Wesen immer eine Entlastung von Politik verspricht. Das stört die Politik. Deshalb ist die Quarantäne politisch gesehen für einen Moment günstig, aber nie nachhaltig. Sie muss an ein Ende kommen, um zu wirken.

R

WIE RAUSCH

Es gibt einen Rausch der Nüchternheit. Er wird erst dadurch erkennbar, dass man durch die Trunkenheit, durch das Delirium gegangen ist und sie überwunden hat. Sein Geheimnis liegt in der klaren Erkenntnis dessen, was ist, in der → Wachheit, in der Gesundung, im guten tiefen Schlaf. Der Rausch der Nüchternheit ist viel höher zu bewerten als alle rauschhaften Zustände.

S

WIE SCHREIBTISCH

Der Schreibtisch ist der Strand der philosophischen Arbeit: Urlaub als → Alltag.

T

WIE TOD

Der Tod ist nicht das Ende, sondern die undenkbare Grenze des Lebens. Für jede denkbare Grenze gilt: Soll die Grenze als Grenze existieren können, muss jenseits der Grenze etwas sein (→ Unendliches). Postulieren wir mithin eine Grenze, muss es ein Jenseits oder Außerhalb der Grenze geben. Die Idee einer unbedingten Grenze ohne Wenn und Aber ist an sich undenkbar. Der Tod ist einerseits genau das, was der Mensch nicht zu denken vermag. Anderseits ist jedoch der Tod in seiner brutalen Kälte und Bedeutungslosigkeit für uns mit dem Hoffnungsschimmer verbunden, dass das → Denken zuletzt über die Endlichkeit triumphiert, das Undenkbare auch das Unmögliche sei. Der Tod lässt uns verzweifeln, aber auch hoffen, ohne dass wir genau wüssten, worauf. Er ist wie ein vernebelter Ausblick ins Unsichtbare.

U

WIE UNFALL

Es vergeht kein einziger Tag, an dem uns kein größerer oder kleinerer Unfall geschieht. Im Wohnzimmer: Eine Tasse fällt zu Boden, das Wasserglas wackelt, der Stuhl kippt um. Oder beim Squash: Stolpern, Schmerz, Krampf. Doch begreift der Mensch den → Alltag gewöhnlich als unfallfreies Kontinuum. Es macht Sinn, sich eine Woche lang alles zu notieren, was schieflief oder hätte misslingen können. Je größer die Anzahl aktueller und potenzieller Unfälle, desto größer ist das eigene Glück, weil man sie alle überstanden hat. Die überwundene Unfallmenge eines Lebens ist ein Maß des menschenmöglichen Glücks. Ein vollständig versichertes Leben kann deshalb nicht gelingen, sondern muss scheitern.

V

WIE VERLIEREN

Etwas zu verlieren, ist eine Art und Weise zu → wissen, dass man es hatte. Zu wissen, was man hatte, und es als Verlust zu klassifizieren, ist eine Norm für künftiges Gelingen. Durch das Verlieren, nicht durch das Gewinnen lernen wir, was wir wirklich haben wollen.

W

WIE WACHHEIT

Wachheit ist eine steigerbare Eigenschaft des → Bewusstseins. Je wacher der Mensch ist, desto mehr nimmt er bewusst wahr. Dabei ist er nicht auf eines fokussiert. Alle Punkte des Bewusstseinsfeldes sind gleichermaßen beleuchtet. Die Wachheit ist also ein Feldsinn (→ Existenz), mit dem der Mensch sich den Zusammenhang der → Dinge erschließt, ohne notwendigerweise der Metaphysik zu verfallen, wonach alles harmonisch mit allem zusammenhängt (Harmonie → Kosmos). In der wachen Erfahrung des Sinnganzen erlebt er zugleich bewusst die eigene Bezogenheit auf die Wirklichkeit (→ Realismus). Der Mensch erkennt sich im Zustand der Wachheit als Teil der Wirklichkeit, der zugleich über der Wirklichkeit schwebt.

X

WIE XXL

XXL ist das Maß des Übermaßes.

Y

WIE YOGA

Was wir heute Yoga nennen, ist eine neue Form des Eurohinduismus. Es ist der Versuch übermäßig verkopfter Menschen in modernen Industrienationen, sich im Allgemeinen des Vorhandenseins des Körpers unterhalb des besonderen Körperteils, des → Hirns, zu versichern. Den → Geist bekommen sie so trotz aller Verrenkungen nicht zu fassen.

Z

WIE ZEIT

Zeit ist etwas, was sich bewegt, ohne gemessen werden zu können (→ Qualität). Misst man nämlich die Zeit, verstrickt man sich in Tautologien. Die Zeit verfließt mit ihrer eigenen Geschwindigkeit. Wie lange dauert eine Minute? Eine Minute. Wie schnell verfließt eine Sekunde? Eine Sekunde. Die Zeit ist selber nicht messbar. Denn misst man sie, bewegt sie sich nicht. Bewegt sie sich, kann man sie nicht messen. Die Zeit bleibt ein Mysterium. Es gibt sie trotzdem.

Über Sätze

Markus Gabriel

→ Sätze sind zunächst einmal grammatische Strukturen. Wer sie so definiert, stellt sich unter Sätzen in der Regel eine Verbindung von Wörtern vor. Natürlich ist es so simpel nicht, weil es einfache Sätze gibt, die aus nur einem Wort bestehen, etwa: »Danke« oder »Ja«. Der Satz »Ja« hat dabei nicht einmal eine Grammatik im Sinne einer linguistisch nachweisbaren Regelhaftigkeit.

Man wird sagen, Sätze seien eben linguistisch schwieriger, als es den Anschein macht. Und man wird ohne großes Zögern daran festhalten, sie seien eben im Normalfall Wortverbindungen, die bestimmten Regeln unterliegen.

Allerdings ist die Sachlage noch komplizierter, als es uns die Grammatik vorgaukelt. Grammatik ist eine schriftliche Kategorie, das Wort kommt von *graphein*, schreiben, wobei *gramma* schließlich das Geschriebene heißt. Die Grammatik beschäftigt sich zunächst mit dem Geschriebenen. Die Sprache und damit Sätze als eine Form, die sie annimmt, ist aber nicht identisch mit dem Geschriebenen. Folglich müssen Sätze auch dann als Verbindungen identifizierbar sein, wenn sie niemand aufschreibt. Die Wörter in einem Satzgefüge sind nicht dadurch verbunden, dass sie auf eine bestimmte Art und Weise aufgeschrieben werden.

Die geschriebene Sprache, so dachte man, zeichnet auf, was gesprochen wurde, ehe es geschrieben wurde – und sei es im inneren Monolog. Sie wirkt wie eine Form der Erinnerung, die ab irgendeinem Stadium ihrer Entwicklung ein Eigenleben entfaltet, die Schriftstellerei. Die Schriftstellerei ist in ihrer unüberschaubaren Vielfalt schon lange nicht mehr mit dem Projekt identisch, das aufzuzeichnen, was jemand gesagt hat, wenn sie es denn jemals war. Es gibt unzählige unausgesprochene Sätze. Und einige lassen sich überhaupt nur stammelnd aufsagen, etwa die Sätze der Physik, deren Formelsprache sich weit vom Gesprochenen entfernt und Kunstwörter nötig macht, wie das Wort »Del«, mit dem man den Nabla-Operator ∇ ausspricht, der dem umgedrehten griechischen Großbuchstaben Delta nachempfunden ist.

Sätze gab es also schon, ehe sie aufgeschrieben wurden. Hatten sie dann, bis auf die Ausnahmen der Einwortsätze oder gar die Ausnahmen der unfertigen Sätze, die keinen Punkt und Komma kennen, schon eine Grammatik? Oder überformt die Grammatik als linguistische Kategorie schon so lange unser Sprechen über Sätze, dass wir alle Sätze als Grammatikfälle wahrnehmen, obwohl dies keineswegs zutrifft?

Wer ist in solchen Fragen das »Wir«? Sicher nicht die → Kinder, die ihre erste Muttersprache erlernen, und auch nicht diejenigen Sprecher von Sprachen, die nicht in der Form einer Grammatik schriftlich verfasst sind. Wir, d.h. die Leser dieser Sätze, erfassen Sätze als grammatikalisiert, woraus aber nicht folgt, dass es zum Wesen der Sätze gehört, auf diese Weise grammatikalisch zu sein.

Wir können festhalten: Wir erfassen das Wesen der Sätze nicht dadurch, dass wir ihre Grammatik erforschen. Sätze sind weder notwendig mit anderen Sätzen verkettet, noch haben sie notwendigerweise eine interne Struktur wie diejenige einer Verkettung von Subjekt und Prädikat. Sätze sind nicht immer Ketten, manche Sätze sind einfach. Vielleicht sind alle Sätze, die wir verstehen, einfach. Das hängt davon ab, ob Verstehen sich als Verkettung einzelner Geistesblitze verstehen lässt. Eine solche Auffassung hat ihre eigenen Probleme. Denn wenn Geistesblitze des Verstehens verkettet wären, was hielte sie dann zusammen? Ein weiterer Geistesblitz? Doch dann wäre dieser wohl das Satzverstehen. Oder etwas anderes? Aber was sollte das sein?

Sätze sind andererseits nicht nur Wortverbindungen, denen man mit allen damit verbundenen Schwierigkeiten grammatische Strukturen zuspricht. Sätze haben auch eine logisch-semantische Dimension. Für unsere Zwecke reicht es, sie als etwas zu verstehen, das → wahr bzw. falsch sein kann und das gemeinsam mit anderen Sätzen logische Gefüge hervorbringt, deren Bestandteile wahr bzw. falsch sind und damit zur Gesamtwahrheit bzw. Gesamtfalschheit des Gefüges beitragen.

Der Satz »Berlin liegt im Januar 2023 in Deutschland« ist wahr ebenso wie das Satzgefüge »Berlin liegt im Januar 2023 ebenso in Deutschland wie Bonn«. Denn die Sätze »Berlin liegt im Januar 2023 in Deutschland« und »Bonn liegt im Januar 2023 in Deutschland« sind beide wahr, sodass ihre Verbindung mit »ebenso wie« eine Gesamtwahrheit ausdrückt. Weil Logiker sich vor der Grammatik fürchten, sagen sie lieber »und« statt »ebenso wie«, um sichtbar zu machen, dass der Gesamtsatz aus zwei Sätzen besteht, deren Verbindung wahr bzw. falsch sein kann.

Nun könnte man an dieser Stelle scheinbar mühelos zwischen Sätzen und Argumenten unterscheiden. Sätze wären logisch-semantische Einheiten, die wahr bzw. falsch sein können, und deren Bestandteile keine Sätze, sondern Begriffe sind wie »Berlin«, »Deutschland« und »x liegt in y«. Argumente hingegen sind Satzgefüge. Die Sätze, aus denen ein Argument besteht, werden mit der Absicht verbunden, zu zeigen, dass ein bestimmter Satz, nämlich die Konklusion, wahr ist, wenn die Prämissen, die Vorsätze, wahr sind. Doch lassen sich Argumente auch als Verkettung von Sätzen verstehen: Die Prämissen P_1 und P_2 werden gemeinsam mit der Konklusion K im Idealfall als wahr betrachtet, sodass wir einfach einen langen Satz haben: P_1 und P_2 und K.

Die Philosophie besteht aus Sätzen, im sprachlichen und logisch-semantischen Sinn. Zu diesen Sätzen gehören Sätze über Sätze, wozu die meisten Sätze gehören, die ich bisher in diesem Aufsatz geäußert (aufgeschrieben, ausgedrückt) habe.

Philosophische Sätze befinden sich allerdings im Widerstreit miteinander. Nicht alle Sätze, aus denen die Philosophie besteht, sind wahr, weil es in der Philosophie Sätze gibt, die vom selben handeln, aber nicht denselben Wahrheitswert haben können. Einige sind falsch. Auch die vorliegenden Sätze handeln von Sätzen, ohne alle Alternativen ausschließen zu können. Beispiel: Sätze, die falsch sind, müssen von etwas handeln, das sie teilweise richtig erfassen, um überhaupt falsch sein zu können. Dieser Satz kann falsch sein, man kann es jedenfalls anders sehen. Der Beispielsatz über falsche Sätze handelt von Sätzen, die falsch sind, ebenso wie jeder Satz, der den Beispielsatz negiert.

Die Logik handelt immer schon vom Widerspruch, weil er in der Logik selbst auftaucht. Denn sofern die Logik aus Sätzen über Sätze (und sei es über die Form der Sätze) besteht, sind auch andere Sätze möglich. Man könnte ansonsten nichts über Logik in der Form der Sätze der Logik behaupten.

Da nicht alle philosophischen Sätze wahr sein können, möchte man gerne dafür sorgen, dass wir die wahren von den falschen Sätzen unterscheiden können. Es bedarf mithin einer Unterscheidungsmethode oder aber mehrerer Methoden für den Fall, dass die philosophischen Sätze verschiedenen Bereichen oder Sinnfeldern zuzuordnen sind, die nicht auf eine einzige Weise methodisch geordnet sein können.

An dieser Stelle scheint es heute einleuchtend, dass die Methode oder die Methoden der Philosophie nur die Form von Argumenten annehmen können. Argumente sind Satzgefüge. Die Sätze der Argumente stützen den Schlusssatz, die bereits erwähnte Konklusion. Sie haben Beweiskraft – sie beweisen.

Doch wenn Sätze im logisch-semantischen Sinne beweisen, garantiert dies nicht, dass der Adressat des Beweises, der Andersdenkende, durch den Beweis überzeugt wird. Denn hier besteht »Beweis« nur darin, dass es ein logisches Gefüge gibt. Das logische Gefüge garantiert im Idealfall, dass der Schlusssatz wahr ist, wenn die Sätze, die ihn stützen, die Prämissen und die Schlussregeln (die womöglich auch nur weitere Sätze sind, jedenfalls in Satzform ausgedrückt werden können), ebenfalls wahr sind. Ein Beweis ist damit seinerseits ein Satz, aber eben einer, der aus Sätzen besteht.

Es ist nicht möglich, dass alle Sätze der Philosophie bewiesen sind. Wären alle Sätze der Philosophie bewiesen, wäre der Widerstreit beseitigt. Er wäre als Ausdruck des Unwissens oder eines psychosozialen Unwillens von Philosophen entlarvt, denen die Einsicht in die Argumentketten fehlt, die sich in perfekter Verschränkung wechselseitig stützen und somit einen perfekten »*Kreis von Kreisen*« (Hegel[2]) bilden, der letztlich nichts anderes als ein einziger Satz ist, die reine ungetrübte philosophische Wahrheit. Sagen wäre somit im Idealfall das Sagen des Einen und Immergleichen.

Wie beweist man den Satz, wonach es nicht möglich ist, dass alle Sätze der Philosophie bewiesen sind? Lässt er sich denn beweisen? Oder ist dies nur ein Hinweis auf das Dickicht der Meinungsverschiedenheiten der lebenden und toten Philosophen?

Es ist keine Paradoxie, dass manche Sätze der Philosophie nicht bewiesen sind. Denn einige Sätze müs-

2 Hegel hat die entsprechende Konsequenz gezogen und alles mögliche Wissen (er nennt dies *die* Wissenschaft im eminenten Singular) in diesen Kreis hineingezogen. Siehe die berühmte Stelle in Georg Wilhelm Friedrich Hegel: *Wissenschaft der Logik*. Werke in 20 Bänden, hrsg. von Eva Moldenhauer und Karl Markus Michel, Band 6, Frankfurt am Main 1986, S. 571f.: »Vermöge der aufgezeigten Natur der Methode stellt sich die Wissenschaft als ein in sich geschlungener *Kreis* dar, in dessen Anfang, den einfachen Grund, die Vermittlung das Ende zurückschlingt; dabei ist dieser Kreis ein *Kreis von Kreisen*; denn jedes einzelne Glied, als Beseeltes der Methode, ist die Reflexion-in-sich, die, indem sie in den Anfang zurückkehrt, zugleich der Anfang eines neuen Gliedes ist. Bruchstücke dieser Kette sind die einzelnen Wissenschaften, deren jede ein *Vor* und ein *Nach* hat oder, genauer gesprochen, nur das Vor *hat* und in ihrem Schlusse selbst ihr Nach *zeigt*.«

sen unbewiesen sein, damit andere beweisbar sind. Der Beweis dafür, dass einige Sätze der Philosophie unbeweisbar sind, führt in keine Aporie. Er zeigt nur, dass kein Ende der Philosophie dadurch erreicht werden kann, dass wir die bewiesenen Sätze aufzeichnen und als Prämissen oder Schlussregeln für weitere Beweise einsetzen, bis wir am Sankt-Nimmerleins-Tag zusammenkommen, um das Gerüst zu bestaunen.

Dass die Sätze der Wissenschaften, die von etwas handeln, das sich verändert, nicht vollständig bewiesen werden können, indem man den Kreis der selbstbezüglichen, sich wechselseitig stützenden Sätze zu einem barocken Gesamtargument, dem großen metaphysischen Satz, verbindet, ist intuitiv verständlich. Man kann dies auch anders formulieren: Die Wahrheit der Sätze, die von einer nicht-satzförmigen Wirklichkeit handeln, kann durch kein argumentatives Verfahren allein etabliert werden. Deswegen stößt die theoretische Physik immer wieder an Grenzen, an denen sie die experimentelle zu Hilfe ruft. Wo dies eines Tages prinzipiell nicht mehr gelingt (vielleicht ist dieses Datum an einigen Ecken und Enden des für uns erkennbaren Universums schon erreicht, wer weiß das schon?), wäre die theoretische Physik am Ende, die experimentelle vielleicht auch. Kein argumentatives Verfahren brächte sie weiter.

Doch es geht auch alltäglicher: Die meisten Sätze werden nicht durch andere Sätze, sondern durch Hinweis auf Gegebenheiten gestützt, die in keine Argumente verpackt werden können. Wer sieht, dass es regnet, zitiert den Regen nicht als einen Satz herbei, der einen Schlusssatz stützt. Zu wissen, dass es regnet, indem man es sieht, verdankt sich keiner Argumentkette, die der Skeptiker durchlöchert. Wenn ich sehe, dass es regnet, stütze ich mich nicht auf irgendeine Schlussregel oder ein Prinzip, das mir empfiehlt oder befiehlt, meinen Sinnen zu trauen und sie als Quelle wahrer Sätze zu betrachten. Meine Sinne sprechen nicht zu mir. Auch der Regen ist logisch und grammatisch stumm, wie laut auch immer er ans Fenster prasselt.

→ Realismus heißt auf dieser Ebene: anzuerkennen, dass Sätze nicht dadurch wahr sind, dass sie durch andere Sätze gestützt werden. Der Boden der Sätze ist dabei kein Bodensatz und auch keine Menge von Begriffen, die sich zu Sätzen verbinden, sondern eine Basiswirklichkeit, die weder von der Art der Begriffe noch von der des Satzes ist.

Wie könnte die Philosophie nun aus Sätzen bestehen, die sich wechselseitig stützen und einen Kreis von Argumentkreisen bilden, wenn doch ihre Sätze auch davon handeln, dass nicht alle Sätze nur von Sätzen handeln?

Wer einen philosophischen Satz für wahr hält und damit einen Wissensanspruch (→ Wissen) erhebt, bedarf nicht bereits dadurch eines Arguments, um seinen Anspruch aufrechtzuerhalten. Die bloße logische

Möglichkeit, dass auch ein anderer, widersprechender Satz wahr sein kann, ist kein Einwand und auch kein Hinweis auf Begründungsbedürftigkeit. Dass ein Satz wahr sein kann, den ich für falsch halte, heißt nur, dass ich mich täuschen, aber eben auch richtig urteilen kann.

Bestünde die Philosophie aus Sätzen, die einen geschlossenen Argumentreigen bilden, wäre das gesamte System der philosophischen Sätze notwendig. Es gäbe keine sinnvolle Alternative zu irgendeinem Satz und damit auch nicht zu dem Gesamtsatz der Argumente. Der Sinn der Argumente bestünde nicht darin, jemanden durch ein Argument von der Wahrheit eines Schlusssatzes zu überzeugen, sondern nur darin, entfaltet zu werden. Man bräuchte die Argumente nicht, sie wären lediglich vorhanden.

Doch damit hätte man nicht das geleistet, was der heutige Hinweis auf Argumente und Gründe einfordert: Die eiserne Kette der in sich geschlossenen Notwendigkeit der philosophischen Argumente könnte nur eingesehen, aber nicht durch Argumente gestützt werden. Man wäre also dort, wo man seine Gegner gerne sähe: Auf dem Pfad der bloßen Behauptung eines Satzes, für den man keine Argumente anführen kann.

Die Notwendigkeit eines philosophischen Satzes ist nicht seine Stellung im System der philosophischen Sätze, sondern der Zusammenhang der Elemente, in die er sich zerlegen lässt. Ein philosophischer Satz ist deswegen kein Ausruf oder Rätselwort wie »Sein«.

Sätze fallen uns ein, wir können sie nicht erzeugen. Wie könnte man einen Satz erzeugen? Doch nur so, dass einem die Elemente bereits vorschweben, die man zu einem Satz verbinden möchte. Dies aber setzt voraus, dass man den Satz bereits schemenhaft erfasst hat, sodass sich die Elemente an der richtigen Stelle einfinden.

Wenn man einen Satz erst beim Reden oder Denken anfertigte, könnte man ihn weder beginnen noch zu Ende bringen. Der Anfang des Satzes wäre noch nicht der Anfang eines Satzes, den es noch nicht gibt, sondern der Anfang beliebig vieler Sätze und damit keines einzigen. Und das Ende des Satzes wäre das völlig grundlose Setzen eines Punkts, ein Abbruch, den man sich nachträglich schönreden kann.

Niemand ist der Schöpfer seiner Sätze, sie stellen sich ein. Alle Sätze, auch die Argumente, fallen vom Himmel.

Das ist kein Einwand gegen Sätze, sondern bedeutet, dass wir an unserer Einstellung zu ihnen, nicht aber an den Sätzen arbeiten müssen. Wir müssen empfänglich sein für die richtigen Sätze, d.h. einen Zusammenhang sehen, hören, einsehen, oder eben: denken, der Sätze als Gefüge versteht.

Auf diese Weise erschließt sich uns ein System von Sätzen, aber immer nur als eines, nicht als einziges. Die Notwendigkeit der Satzsysteme ist intern, nicht extern, sie besteht nicht in der abschließenden Absicherung gegen Alternativen und schon gar nicht in der Verteidigung gegen Gegner.

Sätze haben weder Gegner noch gar Feinde.

Ein philosophischer Satz ist etwa »Es gibt sprachliche Bedeutung, die nicht durch den Sprachgebrauch festgelegt wird«. Wer diesen Satz nur dann für wahr halten möchte, wenn er durch ein zwingendes Argument gestützt wird, das sich der erfolgreichen Widerlegung aller Alternativen verdankt, übersieht, dass kein zwingendes Argument für oder gegen einen solchen Satz gefunden werden kann, das entweder auf die nicht-sprachliche Wirklichkeit Bezug nimmt oder von ihr so weit entfernt ist, dass es aus Sätzen der reinen Logik bestehen müsste. Bestünde es aus Sätzen der reinen Logik, könnte es uns über Sprachgebrauch nichts lehren. Folglich besteht es aus Sätzen, die auf die nicht-sprachliche Wirklichkeit Bezug nehmen, und ist damit Teil einer unbestimmt großen Satzmenge, die niemand überblickt. Zu viel wird gesagt in zu vielen Sprachen, zu viel wurde geschrieben und gedacht, um durch irgendeine noch so konzertierte Aktion zu einem zwingenden Argument gemacht zu werden.

Mein Hinweis auf die nicht zu behebende Unvollständigkeit in der systematischen Klärung unserer Sätze – ein Hinweis, der in Sätzen argumentiert – zeugt anders, als es scheinen könnte, von keiner Verzweiflung. Er richtet sich weder gegen die Philosophie noch gegen die Wissenschaften, noch gegen die Philosophie als Wissenschaft.

Die Philosophie ist eine Metawissenschaft. Sie besteht aus einer Vielzahl philosophischer Wissenschaften, der Ethik, Anthropologie, Ontologie, Erkenntnistheorie. Sie entdeckt Sätze und klärt ihren Wahrheitsgehalt. Dabei kommen viele Methoden zum Einsatz, einige bestehen in einer Arbeit an unserer Einstellung zu Sätzen, andere in Sätzen.

Die Sätze der philosophischen Wissenschaft sind eingebettet in ihren Anspruch, ihre eigene → Zeit nicht nur zu erfassen, sondern auch über sie hinauszublicken. Die Philosophie ist auf die Zukunft gerichtet, sofern sie normativ ist. Sie will verändern, und zwar durch Sätze.

Sätze sind mächtig, sie strukturieren den → Zeitgeist und damit, wie Menschen denken, handeln, arbeiten, wirtschaften, urteilen und verurteilen. Sätze muss man deswegen mit Respekt behandeln. Nicht wir Menschen formen sie. Sie formen uns Menschen.

Zu diesem Buch

René Scheu

→ Sätze werden von uns gesetzt, sind also Setzungen, und setzen sich zugleich, sind also Satz. »Satz« kommt von mittelhochdeutsch »Saz«, was – wie der »Satz« eines Buches – das Zwischenreich des Tuns und Geschehenlassens, des Entschlusses und Empfangens bezeichnet.

Klar, wir verfertigen Sätze, mündlich, schriftlich oder im inneren Monolog. Was wir äußern, muss zuvor schon im Inneren vorhanden gewesen sein. Aber wäre es als Fertiges tatsächlich innerlich vorgefunden, bräuchten wir die Mühen des Formulierens nicht auf uns zu nehmen – das Zu-Sagende läge immer schon in äußerbarer Form griffbereit. Dass das nicht zutrifft, wissen wir aus eigener innerer Erfahrung, wenn wir um Wörter ringen. Aber wie können wir um die richtigen Wörter zur Äußerung eines Satzes ringen, wenn uns dieser schon vorschwebt? Wie können wir die Wörter mit dem doch noch gar nicht fertigen Satz vergleichen, um zu erkennen, wann er passt?

Wo sind die Sätze, bevor sie geäußert werden? Woher kommen sie?

Sie waren nirgendwo. Sie fallen uns ein. Im Mittelhochdeutschen zeigt sich eine Bedeutungsnuance, die weiterhilft: Der »Saz« ist mit dem »Sitzen« verwandt. Was sich setzt, sitzt auch, jedenfalls im Idealfall. Das Gesetzte, das sich setzt und sitzt, ist ein Satz. Aber nicht jeder Satz sitzt. Ist dann nicht jeder grammatisch so zu nennende Satz ein Satz, sondern womöglich ein Schein-Satz?

Das wäre wohl übertrieben. Aber es lässt sich kaum leugnen, dass Menschen dazu neigen, Meinungsautomaten zu sein (→ meinen). Wir produzieren Meinungen, indem wir Gehörtes, Gesehenes, Geahntes, Aufgelesenes reproduzieren. Diese Meinungen, die wir reproduzieren, sind nicht von uns gesetzt, sondern sie werden uns vorgesetzt, es sind vorgekaute Sätze, Vor-Sätze. Das meiste, was Menschen äußern, dürfte sich bei näherer Betrachtung als ein solches bloßes Nachkauen, Wiederholen und Meinen herausstellen. Menschen dreschen Phrasen. Menschen bullshitten.

Autor und Herausgeber haben alles gegeben, um das bloße Meinen zu vermeiden, haben gemeinsam nach Sätzen gerungen und an Formulierungen gefeilt. Sie haben die Sätze sich setzen lassen, damit sie – hoffentlich – sitzen, jeder für sich, in einer Abgeschlossenheit, die manchmal fast schon an vorsokratische Sprüche erinnern mag.

Eine Woche lang gingen wir Anfang 2023 in Bonn in Klausur und haben intensive Gespräche geführt, der Herausgeber als Fragender, als Sätze-Kitzler, der Autor als Antwortender, Sätze-Verfertiger. Danach haben die beiden sie viele Wochen im elektronischen Hin und Her geschliffen, damit sie für sich sprechen. Sie stehen nun so da, als wären sie vom Himmel gefallen. Tun sie es nicht, haben Autor und Herausgeber etwas falsch gemacht.

Die Sätze umgarnen, sie ärgern, sie säuseln, sie verführen, sie bringen zum Lachen. Aber bei oder trotz alledem: Sie möchten wahr sein, es geht um Philosophie.

Dieses Buch ist ein Buch voller Sätze, die weder → Anfang noch Ende kennen. Die Reihe der Sätze ist nicht begrenzt, aber auch nicht unendlich, Sätze stehen für sich und bilden manchmal Ketten, aus denen sich umfassendere Sätze ergeben. Man entkommt ihnen nicht.

Die Sätze haben immer schon begonnen, und sie hören nie auf, sich zu setzen. Wir hoffen, dass unsere Leser mindestens einen Satz mitnehmen, der zu ihnen spricht, der sie, also Sie, verändert. Damit hätte unser Vorhaben seinen Zweck erfüllt, mit dem Denken im Alltag Auswege aus den Fallstricken des → Zeitgeistes aufzuzeigen und damit den menschlichen → Geist etwas → freier zu machen.

Dank

Das Buch ist zwei Gesprächsrunden entsprungen. Zuerst trafen wir uns unter Freunden in Bonn, es war im Frühjahr 2022. Nach zwei Glas Ahrwein (im Andenken an die Flutkatastrophe vom Sommer 2021) und mit Blick auf den Rhein kamen wir auf die Idee, ein Buch mit dem Titel »Sätze über Sätze« zu schreiben, klar, unerschrocken, elementar – wir danken Ulf und allen anderen für Anregung und Zuspruch. Zwei Monate später saßen wir bei einem Salon-Abend in einem Barock-Saal in Luzern erneut zu Tische, diesmal mit Verleger Peter Haag, und wiederum, geleitet vom eigenen Wagemut oder einem wohlgesinnten Universum, kamen wir auf ein solches Buch zu sprechen. Damals fiel der Entschluss, es tatsächlich zu schreiben. Wir danken Peter für seine Unterstützung und Begleitung. Dieses Buch ist Ergebnis deutsch-schweizerischer Kooperation, transkulturell und transdisziplinär.

Markus Gabriel, geboren 1980, ist Philosoph, Buchautor und Begründer des Neuen Realismus. Er war der jüngste deutsche Philosophieprofessor und lehrt seit 2009 als Professor an der Universität Bonn. Seit 2022 ist er zudem Academic Director an The New Institute in Hamburg. Mit *Warum es die Welt nicht gibt*, das 2013 herauskam, wurde er zum Bestsellerautor. Zuletzt erschien *Der Mensch als Tier: Warum wir trotzdem nicht in die Natur passen*.

René Scheu, geboren 1974, ist Publizist, Philosoph, Übersetzer und Geschäftsführer des IWP. Von 2016 bis 2021 leitete er das Feuilleton der *Neuen Zürcher Zeitung*. Zuvor war er Chefredakteur und Herausgeber des Magazins *Schweizer Monat*.